GUERRILLA

華人獨立媒體觀察

光影游擊最前線

目錄 | Contents

代序

讓異議持續發聲！

管中祥／「台灣公民行動紀錄協會」理事長、中正大學傳播系副教授

二〇〇八年，和葉蔭聰、林靄雲在「台灣媒體觀察教育基金會」和平東路辦公室第一次見面，那裡也是「公民行動影音紀錄資料庫」的第一個辦公室。聰頭說，希望能找馬來西亞、台灣、中國、香港的朋友合寫一本「中文獨立媒體年報」。

我沒有太多考慮一口答應。一方面和自己的研究興趣及社會參與有關，另一方面，近年來華人傳播史一直缺乏有系統的整理，另類／獨立媒體這類「刺客列傳」的鄉野歷史，更少受到關注。

藉此機會，那年年底，公民行動影音紀錄資料庫邀請幾位相關作者在台北及嘉義中正大學舉辦研討會，接著，在「獨立媒體（香港）」的召集下，陸續出版《草根不盡——華語地區獨立媒體年報2008/09》（二〇〇九）、《草根起義：從虛擬到真實》（二〇一一）。這兩本書記錄華人地區另類發展的歷史及行動，也建立華人另類媒體工作者知識與經驗交流的平台。出版距今已近五年，亞洲華人地區政治社會與媒體生態亦有改變，在「浩然基金會」的支持下，「公民行動影音紀錄資料庫」接力出版這本《光影游擊最前線——華人獨立媒體觀察》，可算是華人另類／獨立系列書籍的第三本。

雖然本書將這些「非主流」的媒體稱為「獨立媒體」，也是華人地區對於許多新興媒體的普遍稱呼，但我比較偏好以「另類媒體（alternative media）」來強調與期待這類媒體應有的獨立與進步性，因為，「獨立」本來就是新聞媒體存在的基本要件，沒什麼好誇口。

「另類」有另一種選擇的意思，但若只是這樣，「另類媒體」也不過只是一般市場區隔的概念，並沒有什麼了不起。除了獨立、另種選擇，「另類媒體」更該具有挑戰，甚至改造社會的基進性，並且站在主流媒體所依恃的政商權力對立面，提供另一套社會思維與行動。

另類媒體也強調「媒體行動主義（media activism）」，他們會有自己的立場，不會以主流社會的新聞專業主義作為工作的依歸。傳統新聞專業主義往往偏向鞏固既有的價值與政體，限制了人們對世界的理解，與另類媒體要求的社會改革目的未必相容。另類媒體工作者是社會運動的一分子，和其他投入社會運動的人站在同樣的位置，並非只是單純旁觀的報導者或記錄者，相反的，另類媒體／工作者是報導者，也是行動者。

但這並不是指另類媒體擁有「腳踏兩條船」的雙重身分，在抗爭現場一下子是抗爭者、一會兒又是報導者，占盡好處卻逃避責任。這樣不但有違報導者應有的分際，更對自己、對媒體、對運動的公信力造成永久傷害。

另類媒體的存在本身便是「社會運動」，他要翻轉及挑戰的，不只是提供異議性的內容，促成社會行動，也是媒體改革運動，從內容到組織，都要改變資本主義的運作模式，以及傳統媒體專業主義的主流價值。

另類媒體是要站在主流價值與政體的對立面，透過報導、論辯、行動促成公共討論與社會改革；在組織運作上，不同於中央集權、科層分工的主流媒體，強調內部民主、平行對等、共享共決的組織型態，甚至盡可能降低內部薪資的差異；在財政上，資金來源多樣化、公開透明，公眾集資為主要收入來源，不依賴少數股東及廣告，「獲利」不為股東所有，而是重新投入勞動生產的必要支出。換句話說，另類媒體不只在內容是否關切弱勢發聲或具進步性，強調財政獨立、運作公開、內部民主、資源共享等價值，本身也是社會改變、文化發展和民主化的重要機制。不但要提供另類的批判之聲，更是要建立有別主流媒體運作的範例。挑戰來自國家及資本的媒體壟斷，塑造一個在社會、文化及經濟上更公平的整體環境，並讓公眾不再只是傳媒市場框架下的消費者，而是具有行動力量的主體。

上述對於「另類媒體」的定義及期待似乎過於理想與嚴苛，一方面每個地區的政經結構與媒體生態大不相同，有些地方，媒體光是「獨立」恐怕就已相當「另類」，甚至在某些情況必須和政治反對力量及資本同盟，無法用同一套標準看待。另一方面，非主流媒體的形態十分豐富，不同地區的養分與困境也會發展出不同形態的「另類」或「獨立」媒體，特別是網際網路普及後，不僅讓另類／獨立媒體在網路的發展更為多樣，網路本身也成了重要的社會動員基地。

網際網路的普及讓傳播公民權的落實有了較大的空間，也成了公民新聞、獨立報導的土壤。同樣的，網際網路也讓具批判性的另類媒體找到了實踐的重要渠道，不論這些團體其目的是社區培力、報導公民新聞、推動社會改革、批判資本主義，甚至採取對抗行動，也不論其生產的內容是文字、影像，甚至表演藝術，有趣的是，網際網路幾乎成了共同的傳播管道。當另類媒體與網際網路結盟，不但使社會的進步主張，更便於在人民的互動形式與參與中構成，也對商業媒體的單向流動特質，扮演著對抗性的力量。

對向來資源貧乏的社會運動行動者來說，網路除了可以快速推廣理念，也能作為組織者連繫與溝通中介，並且召喚公眾行動。因而，網路不再只是傳統中規中矩、理性討論的公共領域，更像游擊戰扮演著突襲、動員、顛覆，甚至是革命的關鍵角色。

一九九四年墨西哥薩帕塔（Zapatistas）游擊隊反軍事鎮壓，成了網路動員政治革命的先驅。一九九九年西雅圖的「反全球化」行動，聚集了數十、上百萬各式各樣反對派群眾，不只在網上聲援，更親臨現場。而北非和中東等地的「茉莉花革命」，也挑戰了這些國家既有政治權力與體制。當然，這股力量，也在亞洲不同華人國家或地區開始同步展現。

最近幾年，不同地區的華人社會公民運動紛紛再起，在主流媒體日益資本化、去政治化的今日，網際網路、社群媒體、獨立／另類媒體扮演著重要角色，不僅補充了主流媒體的不足，成為理解社運動的重要媒介；並進而動員群眾公共參與，引導議題，改變社會，甚至是許多人平日最主要的閱讀媒材。不過，因政經環境及媒體生態的差異，不同地區的獨立／另類媒體也發展出不同形貌、動能、限制與問題。

這些新的趨勢，需要進一步的記錄、整理、分析，探究與反思。於是，公民行動影音紀錄資料庫邀請了不同地區關切華人另類／獨立媒體發展的經營者、學者，甚至是行動者：莊迪彭（馬來西亞）、梁家權（香港）、方可成（中國）、王曉晞（澳門）、管中祥（台灣）共同完成《光影游擊最前線——華人獨立媒體觀察》這本書，不但記錄、分享不同華人地區另類／獨立媒體的運作、發展、困境與突圍，也試圖補足華人新聞傳播史上嚴重被忽略的一頁。

這本書的完成必須感謝浩然基金會的支持。出版一本書對依賴公眾捐款維持運作的公民行動影音紀錄資料庫來說，並非易事。莊迪彭、王曉晞、方可成、梁家權、葉蔭聰、羅世宏等人參與寫作，是這本書能夠出版的最重要基礎。當然，更要感謝的是，獨立媒體（香港）六年前擔起這系列書籍的先聲，也讓我們有機會接力下去，讓異議持續發聲！

序一

以實際行動支持獨立媒體

羅世宏／中正大學傳播學系教授

過去二十多年來，亞洲華人政治文化圈的另類／獨立媒體風起雲湧，不斷在各自的土壤裡長出抗爭的花朵，積累在地的經驗；但也不斷相互借光，汲取養分。從台灣、香港、澳門到中國大陸和馬來西亞，各種另類／獨立媒體的實踐經驗一直在更新，也透過不斷被記錄，期能提供跨地域的交流和反思，並且開展相互協作和攜手並進的新路徑。

從敦誠等人所著的《邊地發聲：反主流影像媒體與社運記錄》（一九九二）至今，非主流或反主流影像／媒體與社運的紀錄嘗試，迭有佳作。其中，中國大陸「民間」創辦人翟明磊編著的《中國猛博》（二〇〇九），提供中國特殊政治環境和語境下，公民發聲突圍的寶貴紀錄。由獨立媒體（香港）出版、林藹雲、葉蔭聰主編的《草根不盡：華語地區獨立媒體年報2008/09》，開啟華語地區獨立媒體的實踐紀錄，並於兩年後接著出版了葉蔭聰主編的《草根起義》。

而現在擺在讀者面前的這本書，同樣延續這樣的精神和努力，為華語地區獨立／另類媒體的實踐經驗提供紀錄和反思。距離《草根起義》出版以來，世界各地與華語地區都發生了不少新媒體、社交媒體和獨立／另類媒體在其中扮演要角的重大事件，包括北非和阿拉伯世界的「茉莉花革命」、台灣的「太陽花運動」、香港的「雨傘運動」，以及馬來西亞和新加坡開始鬆動威權統治的政治反對運動。

這本由管中祥老師主編的專書，有助於吾人理解獨立／另類媒體在重大社會事件和公共議題／政策形塑過程，扮演的關鍵作用，也有助於全面且貼近在地社會脈絡地理解兩岸四地及馬來西亞，獨立／另類媒體的生成和轉化過程，應是所有關心華人地區政治社會發展、有心想追求更好世界的人不可或缺的一本書。

恭喜這本書的出版，感謝這本書的出版，我希望能有更多人讀到這本書。我也希望有更多人加入獨立／另類媒體的社會文化運動，以行動參與或是小額捐款支持他們能夠繼續走下去。獨立／另類媒體的生存和發展不僅攸關一個社會的未來，也是測量一個社會健康程度的晴雨計，因為獨立／另類媒體走得越久、越遠，社會進步和民主多元的理想就更近。

序二

媒體就是社會與政治

葉蔭聰／獨立媒體（香港）創辦人、香港嶺南大學文化研究系助理教授

大約二〇〇八年，獨立媒體（香港）第一次編輯及出版介紹華人社會的獨立媒體——《草根不盡》，幾年後，我們再籌組出版《草根起義》。其實，單憑著林藹雲與我的綿力，是不可能完成的，過程中全賴眾多研究以至經營獨立媒體的朋友，其中有幾位後來甚至與他們發展較深入的合作及交流，而管中祥教授便是其中一位。更幸運的是，在我們有點無以為繼下，他願意把這個想法延續，成就這本難得作品。

回過頭來看，我們誤打誤撞，預視了一個新興領域，甚至可以說是一股政治力量。然而，我們當初歸之為「獨立媒體」的對象及其發展，卻日益越出原來的定義及想像。事實上，這個現象一開始時我們便注意到，愈來愈多的媒體其「獨立性」愈來愈複雜，按任何標準都難以說明清楚，例如，跟商業模式混合的（香港近年興起的眾多網媒），跟政治組織緊密聯繫的（如澳門的《愛瞞日報》），即使非營利也有眾多不容易歸類的財政來源（例如台灣的「上下游」）。姑且可以稱之為另類，但他們與主流媒體的關係，也不是「獨立」二字可以概括，像台灣的《蘋果日報》也與台灣好幾家獨立網絡媒體合作。而更複雜的是，有些具有獨立媒體性格或功能的實踐，根本難以用昔日媒體機構來理解，例如，中國大陸由於中共黨政機關嚴密監控媒體，愈來愈難以獨立於政府的身分辦媒體，許多個人以「自媒體」形成，利用各種社交媒體如微信微博等，登記公眾號與平台，而且經常被刪，又努力重生，生生不息，把「媒體」二字還原為最基本的意義——中介。

因此，稱之為獨立媒體也好，或另類媒體也好，這些新興力量所構成的社會關係，以至政治參與，也許才是我們最值得注意的。例如，在公民社會及自由民主制度相對齊全的台灣，有較多從新聞專業轉化出來的公民媒體或獨立媒體，以非黨派非營利的公民組織現身，甚至有些得到公部門的支持。然而，其他地方，這些媒體的冒現，其實與當地的反對政治運動密不可分，無論是我熟悉的香港，或是近年反對聲浪足以挑戰威權執政黨的馬來西亞，又或者是昔日政治氣氛相對平靜的澳門，亦是如此。至於台灣，太陽花運動當然是新興媒體的推力，而中國大陸發展成原子化、彈性及脆弱的自媒體，亦跟整個中國大陸的政治環境變化有關。因此，與其說本書幾位作者在介紹獨立媒體的發展，倒不如說是透過媒體的發展去講述這幾個社會近年的政治變動。

值得一提的是，跟媒體相關的政治變動，有一個面向不能不談，而這本文集的文章偶有碰到，卻沒有更深入討論。過往，提起獨立或另類媒體，人們總想起那些左翼及反對派的媒體，具有強烈的異見性質，主體在是推動民主化，或朝著更深層的民主改革推進。然而，隨著互聯網的出現，仇恨言論、排外情緒或種族主義，以至部分新右翼團體亦借助這股風潮而起，包括新興的亞洲民主國家，又或者是尚在民主化艱難前進的地區，亦看到這個現象。我比較熟悉的有香港的右翼本主義，或中國大陸親官方的網絡民族主義；也許，日後這個計畫能更全方位介紹及討論這個議題。

不同地方的政治變動，有著相異的軌跡及脈絡，因此，看著這些文章，可能會令讀者有一種奇怪的感覺，好像看著幾個互不連繫的星球生態。然而，這並非事實，他們之間有不少人際互動，互相學習的可能，只是，更具體的比較及連結，繼而促進跨地的認識及實踐，可能難以用一本文集來完成。正如以往出版一樣，期待這本書只是一個開端，能開出往後更多的合作與互動。

澳門

挑戰禁令，突破重圍

王曉晞

澳門在華人社會中雖然是政治上具自治定位、文化上亦有自身特色的地區，但基於其政治和經濟的力量遠不及中國、香港和台灣地區，其社會狀況常常被人輕視以至忽視。有幸為《光影游擊最前線》撰寫〈澳門〉篇，把澳門媒體狀況介紹給全球華人讀者，榮幸之餘實在感到責任重大。

本文會先介紹澳門的政治經濟狀況，由此為基礎，查察澳門整體的傳媒生態。研析兩個比較有基礎的另類媒體，並探討澳門另類媒體發展所面對的挑戰。

澳門政經形勢

當代澳門的政治和經濟形勢，由兩個因素組成，是中華人民共和國轄下「特別行政區」的政治地位，另一個就是其以賭博（幸運博彩）為產業基礎的經濟結構。基於一九八七年簽署的「中葡聯合聲明」，自一九九九年起，澳門從「由葡萄牙管理的中國領土」[1]，變成按照鄧小平「一國兩制、澳人治澳、高度自治」方針管理的特別行政區，其目的就是讓澳門按照原來的資本主義生活「五十年不變」。

澳門的博彩業早在十九世紀中期就已合法化，作為鴉片戰爭後香港開埠、失去中西之間轉口港職能的維生手段。此後一百多年，博彩業從傳統的中式博彩發展成中西式並存，亦經歷了三大家族[2]先後專營的時期。為了刺激經濟發展、使博彩業從純粹的耍樂走向休閒旅遊，多元化發展，澳門特區政府在回歸後宣布開放賭權，最後由三家經營者投得新賭牌[3]，結束了一家獨大的局面。

開放博彩業經營權後，澳門進入了大建設大發展的年代。在新經營者投資，加上內地「個人遊」政策帶動下，澳門的旅客數字、本地生產總值等經濟指標都呈以倍數成長。但也產生了很多社會問題，例如是住房、交通、用工緊缺等。同時社會上也存在很多不公平的制度和事件，屢屢引起了社會危機，甚至抗爭事件。最典型的當數二〇〇六年，前運輸工務司司長歐文龍，被揭發在土地開發以及公共工程的判給和審批程序等方面受賄。第二年的五月一日，大批市民趁國際勞動節上街抗議。一名警察在阻止示威者前進的時候向天開了五鎗，傷及路人，震驚國際，一下子把澳門的繁華景象震碎了。

事後的反應非常有意思：特區政府後來設立了「現金分享制度」，宣稱是要讓澳門普羅大眾都可以分享「經濟發展的成果」。另一方面在遊行後數日，親政府社團鋪天蓋地在澳門的主要報紙《澳門日報》刊登針對示威者的聲明廣告，批評示威者「過激」行動。這成為數十年來澳門社會言論空間的縮影。

不得不提接近半個世紀之前發生的一件事。一九六六年，澳葡政府阻擋氹仔一家「愛國」學校的建築工程，事件升級，至十二月三日，終於爆發警民流血衝突。事後澳葡政府接受了中國政府和澳門居民的謝罪要求，其中一項條款是要求國民黨在澳組織撤出。至此國共雙方在澳門相持局面就此結束，「愛國」力量全面掌握澳門華人社會，直到一九八九年「六四事件」後，民主派從「愛國愛澳」陣營出走、自立門戶為止。但至今「愛國愛澳」力量，以及回歸後的特區政府，仍然很大的程度上控制著澳門社會——當中也包括了媒體。

澳門媒體整體形勢

澳門作為近代中西文化交匯之地，很多事物都開中國風氣之先。在澳門，最早的近代媒體出現在十九世紀初，因應葡萄牙國內政治形勢所創辦的葡文《蜜蜂華報》。此後，隨著中國人民在西方殖民主義入侵浪潮中，尋求救國救民之道，作為中國資產階級改良派、革命派的避風港，澳門也出現了《知新報》、《鏡海叢報》等報刊。

近數十年來，由於香港具有國際金融中心以及地區資訊中心的地位，其流行文化的強勢輻射，以及澳門媒體自身發展水平的差距，澳門媒體受眾深受香港影響。在報攤和便利商店，香港的報章能與《澳門日報》平分秋色。澳門市民收看電視節目以也以香港為主[4]。相反，澳門的電視訊號受制於香港法律而無法在香港「落地」。

諷刺的是，雖然澳門人對香港媒體描寫澳門和選擇性論述頗有微詞[5]，但在某些時候，香港的媒體是能發揮「出口轉內銷」的作用。《愛瞞日報》（以下簡稱《愛瞞》）副社長崔子釗這樣總結香港媒體在二〇一四年「反離保」[6]運動中的角色：

《愛瞞》決定發起「一人一相反離保」的行動，讓讀者手持「貪官離保，實在離譜」的標語拍照並上傳網站，希望藉以喚起公眾關注。但……初期反應並不是特別熱烈。而同一時間，新澳門學社也每天跑到不同社區收集簽名反對法案，但這種行動力度仍未足以讓廣大市民團結起來。

就在那時候，香港報章（《東方日報》）先後兩天以頭條報導事件，終於把反離保的情緒燃燒起來，成為全澳上下都關注的「大新聞」，激起更多人參與聯署和拍照上傳，而一篇接著一篇、排山倒海的來論「塞爆」《愛瞞》的收件箱。在文字、照片、短片的多方報導及宣傳下，加上「澳門良心」決定發起遊行，眾多讀者及網民的不滿及訴求終於有途徑釋放。[7]

當前，透過《基本法》，澳門在新聞出版方面原則上承接了澳葡政府自一九七四「四二五」民主革命以來的政策[8]。但基於澳門媒體市場狹小的現實，澳門政府對媒體實施補助政策，例如在二〇一一年，特區政府直接補貼澳門媒體的資助總額達一千餘萬澳門元，對本澳新聞工作者醫療保險的補貼總額為一百八十多萬澳門元[9]。至於澳門政府直接擁有媒體的情況，主要在電子媒體，即是負責澳門免費無線電視廣播以及擁有中葡雙語電台的「澳門廣播電視股份有限公司」（TDM）。

如前述，澳門的中文媒體在一九六六年「一二三事件」後，基本上是由愛國力量所控制，例如是多家媒體的負責人都身兼全國或各地方人大或政協代表[10]，或者澳門特區建制（例如行政長官選舉委員）的職務[11]。政府官員也在記者團體的聚會中提出「勉勵」、「希望」[12]。當中最大宗的是《澳門日報》，同時與澳門兩家主要書店：澳門文化廣場（聯合出版集團旗下）和星光書店，以及永樂戲院，為「澳門文化傳媒集團」成員之一[13]。除了報章以外，《澳門日報》本身亦有涉足於出版事業。以該報讀者名義成立的公益基金會也是澳門主要的慈善機構，每年十二月舉辦的「百萬行」也是城中盛事。澳門近年還出現了一家名為「澳門傳媒集團」，旗下包括報章、雜誌、出版社，以及一家衛星電視台，但其影響力目前仍不及「澳門文化傳媒集團」。

由於澳門並沒有設置類似香港的讀者人數調查，我們無法科學地掌握澳門媒體的閱聽情況，大部分只能根據報社自我申報。例如《澳門日報》在二〇〇八年的發行量占澳門報紙七至八成，日發行量達十萬份，其地位應無異議[14]。有學者對《澳門日報》進行內容分析，指出其「在專業化的道路上已經較熟悉運作，但它確實是一個澳門本地建制的積極擁護者，它的權力的監督、看門狗的角色相當弱化。如果說澳門的新聞自由是得到充分保障的，則只能說這種功能與角色定位是由媒體自律以及它的價值觀所決定的」。[15]

另外，由於澳門擁有歷史悠久的葡語社群，包括來自里斯本的葡人、土生葡人，以及來自其他葡語系國家的移民，葡文媒體也有其需求。加上社群中人與葡國各政黨也有聯繫，澳門的葡文媒體也反映了這種狀況，例如《澳門論壇報》的前身分別是《澳門論壇周報》，以及由已故立法會主席宋玉生創辦的澳門公民協會（與葡萄牙民主中心黨掛鉤）機關報《澳門晚報》。在澳門而英文報章方面，目前有三家英文日報，都是在回歸後創立。

由於語言隔閡，澳門的外文報章，長期以來並未能擴大其影響力到占澳門人口九成以上的華人讀者群身上。不過，近年由於中央政府以澳門作為中國與葡語國家合作橋樑的政策，也出現了中葡雙語的《平台》周報（*Platforma*）。天主教澳門教區擁有的周報《號角報》（*O Clarim*）也設有中葡英三語版本。

至於澳門網絡媒體的發展，始於一九九四年，澳門開始與國際互聯網接通，並於翌年開放公眾使用，至二〇一四年止，一直都由澳門電訊獨市經營[16]。根據《2014年澳門互聯網使用狀況調查》，結果顯示，二〇一四年本澳居民上網率已達到百分之七十六，網民數量接近四十四萬。其中四十五至五十四歲居民的上網率較去年提高了十六個百分點，達到七成，而五十五歲或以上居民上網率升至百分之三十三，是兩年前的兩倍，在年齡方面的「數碼鴻溝」正在收窄。而百分之九十一網民使用手機上網[17]。而在社交網站使用方面，澳門人主要使用的軟件包括微信、Facebook、

Whatsapp等[18]。在討論區方面，則以CyberCTM和Qoos為主。

新聞自由的挑戰和媒體人的反抗

在新聞立法方面，澳門分別有管理平面和電子媒體的《出版法》和《視聽廣播法》，皆在回歸前制訂。二〇一〇年起，新聞局就兩法修訂方向進行了文獻研究及商議式民調，並於二〇一三年單獨就《出版法》修訂建議草案，進行了為期三十三天的公眾諮詢。

其中澳門六大記者組織之一[19]的「澳門傳媒工作者協會」（傳協）反對以法律形式設立、或任何帶官方色彩的出版委員會或視聽廣播委員會，及反對由官方制訂新聞工作者守則、記者的專業認證制度[20]。傳協同時主張廢除原法律「加監三分一」條款，並對「政府機密」和「國家機密」的定義表示憂慮，影響公眾知情權之餘，更擔心記誤觸「雷區」[21]。最後，在業界和政團壓力下，二〇一四年四月公布的《出版法修訂諮詢總結報告》中，政府建議刪除「出版委員會」及「新聞工作者通則」的相關條文外，亦刪除對違法的新聞工作者「加重三分一刑罰」的條文，以及保留現行《出版法》第卅四、卅六條保障新聞從業員的原則性條款[22]。最後就備受關注的「國家機密」的定義問題建議引入《維護國家安全法》的條文[23]。當局對傳媒提出採訪方便方面的負面做法，包括政府愈來愈多採用只發新聞稿，卻不願舉行記者會直接回應提問的單向資訊發布方式、遲於通知傳媒相關消息或者極短時間內通知記者採訪[24]、禁止公民記者在傳媒區拍攝[25]、對個別媒體採優待政策等[26]。二〇一四年行政長官選舉的政綱宣講會中，「在場傳媒全程被限制在採訪區內，即便會議結束，傳媒欲訪問在場選委對政綱的看法，亦被着令嚴禁離開採訪區。」[27]即使是新聞局在二〇〇七年已經廢除了記者證，記者被要求「出示」記者證的情況仍然發生[28]。外地記者在澳門的某些敏感時刻，例如是勞動節、澳門回歸紀念日等，也曾出現被拒入境的情況。

近年記者採訪期間遭到公權力或保安人員粗暴對待亦時有發生。二〇一一年九月十七日有記者在拍攝路面情況時，被交通警察阻止，更要求記者「唔好再影！」（不要再拍攝！）及「唔好畀我見到啲相放上網，否則我哋會向你追究！」（別讓我看到照片上載到網絡，否則我們會向你追究！）[29]又例如在二〇一四年「反離保」運動後，先後有在媒體發表意見的大學教員不獲續約。稍後在澳門大學的畢業典禮上，一名女生舉起「支持學者發聲」的紙牌時被驅趕離場，崔子釗在拍攝時更被抬走，國際記者聯會（ＩＦＪ）曾發表聲明譴責[30]。

另一方面，澳門新聞界與民間社會也曾出現過衝突情況。二〇一五年四月，澳門大學宿舍發生火警，一名澳亞衛視攝影記者採訪學生疏散情況時被學生、書院負責人及保安人員以「私人地方」為由阻撓採訪並毀損器材。傳協發表聲明，要求大學校方道歉、向職員發出指引確保不再有同類事件發生，並向學生說明其權利及採訪權的界限[31]。事後有媒體舉辦公聽會，但澳門大學校方並無代表出席，而行政長官崔世安也強調澳門大學並非私人地方[32]。

澳門新聞界，特別是前線記者，近年也透過各種方法向社會控訴媒體的打壓。作為澳門唯一的免費無線電視台，澳廣視多年來都被指有自我審查的現象，例如打壓民主派的報導，將其時間縮短之餘又放到新聞尾段播出，又例如在二〇一二年「政改」一役中在處理相關新聞時被指有違中立原則[33]。同年年底，又以「人手不足、招聘困難」以及準備來年九月立法會選舉為理由，暫停互動式時事節目「澳門論壇」，卒於社會關注下在翌年四月復播。而在二〇一一年，處於改革之際的澳廣視舉辦了員工公訴大會，曾經有記者控訴相關現象，結果事後因工作上的種種爭議，被新聞部高層指有「缺失」，先後被調離前線、被內部調查、被防範性停職，最終在兩年後或黯然離開，或被解僱處分[34]。

例如澳廣視的多名前線記者因不滿電視台高層打壓新聞自由，在《訊報》中以筆名「雷丸」發表文章，揭露電視台內部的種種情況。其中一名記者指在二〇一一年六月收到恐嚇信[35]。二〇一四年二月，帶領澳廣視改革的行政總裁梁金泉不獲續約，由旅遊局原副局長白文浩接任，同時澳廣視員工連續發出三封公開信，其中後兩封詳細地披露了新聞部的情況：

澳廣視宣傳政府政策的系列報導一個接一個，做完一個部門又做一個部門。這些「任務」往往都是安排新記者採訪，政府部門說什麼他們就寫什麼，完全無法針對其政策優劣進行深入討論，好好的一個採訪機會變成只幫政府賣「廣告」。……若沒有外力影響，試問這種『一面倒』的新聞為何會不斷出現？還是有人特意借此向政府獻媚？[36]

而「傳協」也在維護記者權益和新聞自由做出很大努力。除了就新聞行業的採訪權利和待遇發聲外，也積極參與了《出版法》和《視聽廣播法》的修訂工作，同時組織也關注鄰埠香港，以至內地新聞自由的狀況，例如《明報》前總編輯劉進圖二〇一四年遇襲受傷後，即發表聲明譴責事件[37]，並在澳門地標大三巴牌坊前舉行集團聲援新聞自由。二〇一三年，《南方周末》新年獻辭疑似被刪改事件中，台灣新聞記者協會、香港記者協會、澳門傳媒工作者協會也發表聯合聲明對《南周》作聲援[38]。

個案研究一：《愛瞞日報》

《愛瞞日報》是澳門第一份另類媒體，以「出紙一大張，瞞遍全澳市民」為口號。其名是模擬《澳門日報》的讀音，也有諷刺親政府媒體好「隱瞞」社會真相的意思。作為一份由諷刺起家的媒體，《愛瞞》產生的背景是與澳門當時的社會環境息息相關。二〇〇五年立法會選舉過後，當時的《澳門日報》刊登了多個祝賀議員當選的廣告，加上當時樓價、東亞運動會超支、土地利益等問題，引起當時一些大學生的不滿，遂在民主派政團「新澳門學社」旗下的刊物《新澳門》，以附頁的方式出現。當時主要是以漫畫，特別是「二次創作」的形式呈現，偶有諷刺性的文章出現。由於當時學社已經把《新澳門》上網，《愛瞞》亦隨之在網上，透過社交網絡得以傳播，更易於得到年輕人的接受。

二〇一〇年，《愛瞞》開始推出獨立版，並在翌年進軍社交網絡，成為其快速成長的轉捩點。除了原本的改圖外，更開始涉足一般大眾媒體的報導方式，例如文字和影片。根據《愛瞞》副社長崔子釗的説法，《愛瞞》社交網站的專頁在二〇一四年五月「反離保」運動前的兩個月，已經有二萬五千名支持者[39]，至今（二〇一五年八月）更達到五萬二千名追隨者，即相隔一年多後增長一倍。這相當於澳門人口的百分之八。

除了繼續以諷刺形式批評時政，例如一系列以舊曲填上新詞唱出的「愛瞞金曲」，以及「愛瞞廣告」、「愛瞞劇場」等欄目，在轉型成長的過程中，《愛瞞》也曾為推動澳門民間社會的發展，提升社會的討論氣氛發揮重要的作用。其中一個事例就是爭取「立法會大會直播」行動。

在當今民主國家和地區，人們在代議政制以外，也重視對持有公權力者的監督。在香港和台灣，立法機關的大小會議除了准許傳媒採訪以外，官方廣播機構甚至立法機關本身都會直播會議過程，務求讓人民直接了解議會內議員和政府官員的表現。

而在澳門，原來在二〇一三年前，除了行政長官到立法會發展施政報告以及回答議員提問的場合外，立法會大會仍未有直播；議員具爭議性的言論需要透過媒體報導，方能讓市民大眾所得知。對此，社會上出現了要求直播立法會會議的聲音。其中新澳門學社與澳門公職人員協會，在二〇一三年十月先後致函立法會主席賀一誠，提出有關訴求[40]。雖然賀一誠表示法律上沒有問題，但其後時任澳廣視行政總裁的梁金泉回應：「若直播成為常規，澳廣視將面臨人手和設備緊張等問題，需要按部就班，從長計議。」[41]。《愛瞞》運用了智能手機的自拍技術，發起了一人一相行動，結果兩天內收集到二百四十位人士的照片，並向立法會提交。雖然私營的澳門有線電視在十一月六日率先「搶閘」直播立法會會議，但在社會輿論之下，澳廣視最終在十九日首次直播立法會大會。《愛瞞》同時也終止在立法會自行架機直播大會的做法，將任務交還公營廣播機構的澳廣視。

但同一類行動在翌年八月，由三個團體組織的「特首民間公投」中卻出現了麻煩：在這次被特區政府定性為非法的社會行動中，有自稱司法警察的市民於電子投票後將網頁快拍的照片上載到《愛瞞》，讓社長周庭希、崔子釗及實習記者梁家偉因而被控以「濫用名稱、標誌或制服罪」[42]，三人至今仍是嫌犯之身。這是在較早前「反離保」同類行動中不曾遇到的。

另一個重要的做法，是把讀者的時事評論帶進《愛瞞》。《愛瞞》出現之前，在澳門一般人從事新聞評論的機會並不多。《澳門日報》並不是沒有評論空間，例如隔周一出刊的〈視野〉是港澳少數能夠讓非建制的進步／左翼人士定期發聲的平台（例如是香港的張翠容、台灣的林柏儀等）。〈新園地〉有時還會有比較批判當權者的聲音，但畢竟是副刊。〈蓮花廣場〉偏重於學術性，而〈議事亭〉則屬於供市民投訴不滿的類型。而精於評論的《訊報》也已經有超過四分一世紀的歷史，立場比較傾向自由開放，例如民主派兩位現任議員區錦新和吳國昌，以至新澳門學社的上任理事長蘇嘉豪都是該報撰稿人。但基於准入門檻的關係，評論「素人」能發揮的平台始終有限。《愛瞞》透過社交媒體的平台，為這些人提供了一處發表的去處，尤其是以前述的「反離保」運動為最高峰。當中更有部分文章涉足於本土身分認同的探討，這在經濟民生上對內地依賴程度極高、國家認同程度高，講求加強與內地「合作」的澳門社會，是非常少見的。崔子釗認為網絡時代大家出口成文很容易，但常只流於留言，受眾有限。透過提供空間，《愛瞞》希望可以鼓勵一般澳門人成文發表意見：與其他平台相比，只要言之有理、行文暢順就可以刊登[43]。

當然，《愛瞞》的報導並非毫無爭議性。二〇一三年十二月六日，《愛瞞》報導澳門一家餐廳的衛生問題，餐廳隔壁的衛浴店店員懷疑，「牠們（大量蟑螂）是從與店鋪鄰近的食店牆隙之處走過來」。結果相關餐廳東主向另一家報社投訴並獲頭版報導，《愛瞞》亦於隔日到相關食肆採訪報導，並於十日對此做出澄清聲明。二〇一五年八月，《愛瞞》刊出了一則有關路氹城建築工地內，有移工開設露天未經政府批准的小販攤位，以解決就餐問題的報導。政府在法律上雖然有責任管理，而報導刊出後亦採取了掃盪行動，但網上的討論就並不是一邊倒支持政府的做法，反而認為《愛瞞》欠缺對移工的同情心。而《愛瞞》聯同新澳門學社及學社兩位成員，更在二〇一四年底被某一家建築公司，就氹仔北規劃（氹仔北規劃一事，在下一節會詳述）的言論和報導控以誹謗，要求賠償共一百萬澳門元。面對批評和壓力，社長周庭希也承認：「作為政治媒體，《愛瞞》作用是補償主流對學社，後來到整體社會政治議題——例如『反離保』——的偏頗。」他又認為只要是事實，就不應迴避報導[44]。

個案研究二：論盡媒體

雖然《愛瞞日報》已經在澳門新聞局註冊，也稱「編採獨立自主」，但仍屬新澳門學社擁有，社長、副社長由學社委任，資源與學社共享[45]，有一定政治色彩。如果以「獨立媒體」，即不受政府和財團影響的媒體而論，「論盡媒體」（以下簡稱「論盡」）應該比較符合此一定義了。

根據官方網頁介紹，「論盡」內容包括：即時報導、時事專題、藝文評論、人物專訪、特約專欄等，並不斷開拓傳播空間和社會影響力，現時擁有官方網站

AAMacau.com、Facebook專頁、YouTube頻道、紙本月刊以及每周在《訊報》刊登專題五個發布平台。和《愛瞞》一樣，論盡的名稱也頗堪玩味。照字面解，就是「把新聞事件說透透」[46]。另一方面，「論盡」在廣東話有「不靈巧」的意思，也是一種自我解嘲。

論盡前身是一個本地多名學者的電郵討論區，用來互相聯絡、討論社會問題。後來部分人面對澳門社會的發展，覺得這樣祕密的討論無法幫助社會迫切面對的問題，便在二〇〇八年舉辦了一次內部的討論，當中認為澳門當時缺乏對新聞事件的深入報導，於是就是產生了辦媒體的想法。根據現任總編輯彭藹慈的說法：「當時成立的初衷，是有見很多值得關心的新聞議題被主流媒體模糊化處理，民間根本無去掌握事件的脈絡、政策的利害關係，公共討論微弱失焦，同時也希望有一個平台關心小眾議題。」經過一段時間的籌備，組織了一個由前線記者、學者、文化人、公務員及專業人士等組成的團隊，決定首先與《訊報》合作，以提供專題報導的方式獲得稿費。首篇專題報導於二〇一〇年八月廿七日出刊，談的是政府的諮詢制度，而媒體亦於二〇一二年十月正式成立，並開通官方網站，以「獨立、公義、良知、多元」為號召。

論盡報導的專題十分廣泛，涵括政治議題、社會公義、新聞言論自由原則、民生話題以及特區整體利益等，從當下新聞事件的深入追蹤，到澳門社會中各群體的形象，以至是動物權益、文化藝術，以至宗教的潮流和「世界末日」的哲學分析，都有涉獵。其中在某些重大事件上，論盡也以「一人一句」或「論盡民調」來收集、反映民意。為擴大論盡的影響面，並長遠達至可持續發展的運作模式，包括自行吸納廣告以及培養訂閱戶，《論盡月刊》在二〇一三年五月一日首發，題目正是澳門的土地問題。此前論盡曾經向關心社會的人士籌集一筆啟動資金，他們亦承諾不會干涉其的內部運作，令論盡的獨立性得到保障。除指定地點寄賣或派發外，在很多公眾活動，例如是每年「五一」和「回歸日」遊行、新城規劃諮詢會等，都可以見到論盡成員一手持月刊，一手持收銀箱推銷。

論盡在多個社會重大問題上，都曾積極介入，尤其是澳門社會相當關注的土地、城市規劃和景觀的課題。例如澳門現行的《土地法》、《文化遺產保護法》以及《城市規劃法》在二〇一四年三月一日正式生效前，有一段六十日的空窗期。社會即憂慮公私機構會在當中偷步推出日後能不受監管的計畫，或者是提早進行某些工程，規避新法監管。其中政府在氹仔北區規劃北及西望洋山（主教山）下南灣湖C、D區限高方面，論盡、《愛瞞》都以連編累牘的跟蹤報導，吸引社會關注。新澳門學社後來更揭發氹北規劃發當中可能涉及利益輸送。最後行政長官崔世安承諾三法生效前，政府不會審批氹仔北區規劃內所涉及的任何的建築物，亦不會推出南灣湖C、D區規劃[47]。論盡在最近的新城規劃以及舊愛都酒店規劃方面，也以著重手法處理。另外論盡的〈藝文爛鬼樓〉版面關注政府文化政策及澳門文化生態、文化遺產保護、自由創作、環保、文創等，也曾就教育、澳門閱讀環境和自由身文化工作者的生活保障做過系列報導。

除了關心澳門的事務外，論盡也有透過其社交網站專頁，轉載各地重大新聞以及精選評論文章。這是〈編盡〉有感於「澳門社會作為世界公民一部分，有責任了解各地發生的事情，並盡力幫助不幸的人。同時在全球化之下，國際政經形勢的變化亦越來越影響我們。小編的用意，是希望澳門讀者透過我們的轉載（如果開到編譯組直接報導就更好），認識世界，做好應對變局的準備，並從中學習對澳門有用的經驗。[48]」值得一提的是，為了擴大在香港讀者的影響力，論盡也和《愛瞞》一樣，與香港的網媒，例如「香港獨立媒體」、「立場新聞」等有合作計畫，互相在自己網站上刊載對方的報導。

另類媒體在澳門的未來

除了上述兩家媒體以外，澳門也曾出現過多家另類媒體，例如是論政團體「三十行動聯盟」製作諷刺時弊的短片，也一度有能與《愛瞞》一爭長短的氣勢，但在二〇一三年立法會選舉後，隨著團體淡出政壇，製作就無以為繼了。而在「反離保」運動前後，親建制的社交網站專頁也在興起，但其製作水平就成為其攻擊對象的寫作題材[49]。屬於親北京「街坊」系統的澳門社區義工聯合總會、屬會之一的藝駿青年發展協會旗下也設有藝駿電台、UTV等網上媒體[50]。

不過，在今年八月，又有一家以「多角度、新視野」為口號、名為自已報的網上媒體宣告誕生。據其官網介紹，是由從事不同行業並以七、八、九十後為主體的業餘人士組成，內容除了專題報導外，比較偏重於文藝和生活的內容[51]。但觀察一下其背後的作者陣容，包括澳門作家林中英、太皮、沈尚青、陸奧雷[52]，居澳的台灣學者邵宗海、香港專欄作家屈詠妍等——這樣的陣容，似乎是傳統陣營在媒體工作方面的新嘗試。同樣值得一提的是，「祖蘚媒體」（Média José）也試圖以翻譯葡、英文媒體的報導，關注華文媒體沒有覆蓋的新聞，打破華文讀者與外文媒體資訊的隔閡。另外還有澳門大聲公等小型媒體。

無論如何，和其他媒體一樣，澳門的另類媒體要能夠在資訊爆炸的時代中生存下來，「堅持」、「群集」、「專業」這三個因素是不可或缺的，而基於市場限制以及受眾習慣免費的網上資訊，職業化甚至是商業化就似乎是更遙遠的事了。

1. 這是1974年葡萄牙「四二五」民主革命以後，對澳門定位的稱呼。新政府廢除殖民主義政策，放棄各殖民地。而澳門就以這身分繼續被統治，直到中國政府決定收回。與香港政府堅持到最後一刻才交還香港的態度有很大分別。

2. 即盧九家族（宜安公司）、傅老榕—高可寧家族（泰興公司）、何鴻燊家族（澳門旅遊娛樂有限公司）。

3. 原本是批給三家經營者，後來透過「轉批給」方式，形成三張「正牌」，另外三張「副牌」的局面。

4. 在2014年結束的「澳門公共天線公司」事件中，澳門政府更專門成立公司取代澳門有線電視做為公共廣播用途，為澳門觀眾提供包括香港和中國內地頻道在內的「基本」電視訊號。

5. 例如在2012年12月，一名澳門警察協助老婦把載滿紙皮的手推車推上斜坡的照片，被香港《爽報》指為「太傻太得閒」，內文也暗諷香港警察只懂保護要人。報導除了被澳港兩地警察組織批評外，網民亦批評該報傷了澳門人的心，製造澳港矛盾。

6. 2014年5月，澳門市民反對政府提出包括「高官離休保障」以及「行政長官在任司法豁免權」的法案，先後引發回歸後規模最大的兩萬人上街示威，以及七千人包圍立法會抗議。最後在5月30日，行政長官崔世安撤案。

7. 香港：嘉濤宮《撤，還記得嗎？》光輝五月編輯委員會編，2015年，頁171、172、174。

8. 《澳門組織章程》第二條：「澳門地區為一公法人，在不抵觸共和國憲法與本章程的原則，以及在尊重兩者所定的權利、自由與保障的情況下，享有行政、經濟、財政、立法及司法自治權。」

9. 《澳門日報》：不妨礙批評政府施政 盧森堡資助媒體保輿論多元，2011年9月28日。

10. 回歸前，香港和澳門地區的全國人大代表被編入廣東省代表團，回歸後才分別建立自己的代表團。

11. 例如《澳門日報》的社長一直是澳區全國人大代表、總編輯是澳區全國政協委員。另外《市民日報》的管委會主席蘇樹輝為全國政協委員，《新澳華報》社長林昶是貴州省政協常委、廣東湛江市政協委員等。

12. 《澳門日報》：中聯辦宴中文傳媒高層提四點勉勵 陳斯喜：建設性監督傳遞正能量，2014年1月24日。另見《澳門日報》：訪記者聯會肯定工作 陳斯喜三希望勉輻射正能量，2014年4月9日。

13. 出版之門：《星光書店加盟澳門文化傳媒集團》，2005年1月7日。

14. 《香港文匯報》：歷50載風雨 發行量濠江稱冠，2008年8月16日。

15. 李小勤〈澳門華文媒體的現狀、媒體表現與發展〉，收錄於《澳門藍皮書2011》。

16. 2013年，英國大東電報局及葡萄牙電訊集團表示，同意向同為澳門電訊股東的中信國際電訊集團有限公司出售所持有的澳門電訊全部股份，至此中信國際電訊成為擁有澳門電訊99%股權的大股東。

17. 澳門互聯網研究協會《2014年澳門互聯網使用狀況調查》。

18. 《澳門日報》：40萬人用手機上網，2014年6月28日。

19. 其餘五個是澳門新聞工作者協會、澳門記者聯會、澳門傳媒俱樂部、澳門體育記者協會，以及澳門葡英傳媒協會。

20. 《市民日報》：傳協促擱置修訂出版廣播法，2011年12月31日。

21. 《現代澳門日報》：傳協：出版法藏魔鬼細節，2013年10月25日。

22. 原第三十四條：「如違法者從未因濫用出版自由罪而被判有罪，得以罰金代替監禁。」原第三十六條：「下列者為不罰情況：a）對被責難事件能提出可被採納的證明；b）在宣示判決前，就被控的誹謗或侮辱罪向法院解釋，而被害人或代表其告訴權的人士認為滿意並接受時。」

23. 澳門特別行政區新聞局，《澳門特別行政區《出版法》修訂諮詢總結報告》，2014年4月。

24. 《市民日報》：（特寫）衛生局慣性急Call傳媒欠尊重，2014年6月5日；《澳門傳媒工作者協會致函警方》，2012年12月26日。

25. 澳門電台《劉焯華稱議事規則無公民記者概念》，2012年11月27日。

26. 《市民日報》：保安人員玩針對阻澳門傳媒拍攝，2012年9月28日。

27. 《市民日報》：（民哥手記）選管會自我感覺良好，2014年8月21日。

28. 例如警察阻礙記者拍攝交，以及大學校方和學生阻撓記者拍攝等事件。

29. 《力周報》：市民記者齊齊禁 警察濫權再升溫，2011年9月30日。

30. IFJ deplores physical attack on photographer at University of Macau，2014年6月26

日。

31. 傳協另外又向負責監管澳門高等院校的社會文化司司長譚俊榮，促請其公正處理事件，而非聽信校方一面之詞。

32. 《正報》：崔：誰說澳大是私人地方？，2015年5月1日。

33. 為此，澳門新聞業界發起行動，在當年五月一日穿黑衣抗議，響應「世界新聞自由日」。

34. 彭藹慈〈向澳門學習？—傳媒監督第四權的衰敗〉，香港電台，2014年3月18日。

35. 《正報》：澳廣視記者收「溫馨提示」信 驗證有羅崇雯指紋，2014年7月18日。

36. 《正報》：拒當政府宣傳工具 澳廣視前線記者第三封公開信，2014年2月25日。

37. 台灣《蘋果日報》即時新聞：劉進圖遇襲事件　澳門傳協聲援，2014年2月26日，取閱於2015年8月30日。

38. 《正報》：兩岸三地記協共同聲援南周，2013年1月10日。

39. 《852郵報》：沙漠裡的「仙人掌」：澳門新媒體《愛瞞日報》專訪，2014年3月11日。

40. 《正報》：吳區促立會與澳廣視商直播大會，2013年10月24日；立法會議員高天賜、梁榮仔致函立法會主席賀一誠：「要求增加立法會工作透明度之事宜」，2013年10月21日。

41. 《訊報》：澳門政府人傻錢多活樣板 直播立法會澳廣視推不掉，2013年11月1日。

42. 《蘋果日報》：周庭希返抵澳門即再被捕，2014年9月2日。

43. 2015年9月30日與崔子釗的個人訪談。

44. 2015年9月30日與周庭希的個人訪談。

45. 《愛瞞日報》臉書粉絲頁簡介，取閱於2015年8月30日。

46. 其英文名稱All About Macau就是「關於澳門的一切」。

47. 論盡媒體：特首承諾「三法」生效前不會批準任何氹仔北及南灣C、D區項目，2014年1月26日，取閱於2015年8月30日。

48. 論盡媒體：小編感言2015/3/20（留底），取閱於2015年8月30日。

49. 蘇雨果，〈保皇黨的匿名偽術 網絡水軍炮製的輿論泡沫〉，《訊報》，2015年2月27日。

50. 藝駿會址位於澳門街坊會聯合總會社區服務大樓五樓，其中UTV網站唯一的外部連結是街總承辦的「平安鐘」服務。

51. 《自已報》：自介，取閱於2015年8月30日。

52. 皆曾經在《澳門日報》工作或是為《澳門日報》撰稿。

作者簡介

王曉晞

澳門大學文學士（英國語言文學）、美國紐約州立大學碩士（社會學）。曾任澳門利氏學社學術助理並任《神州交流》責任編輯，現為澳門《訊報》專欄作者，並曾為《澳門觀察報》（2008-2014）及《META》雜誌（2010-2011）撰寫評論。編輯作品有《Humankind and Nature: An Endangered System of Interdependence in Today's Globalising World》（與萬德化合編）。

馬來西亞

曙光乍現，暗夜驟臨

莊迪澎

馬來西亞獨立媒體晚近的演變有一個關鍵點，就是二〇〇八年三月八日。這一天，馬來西亞舉行了第十二屆全國大選，三個主要在野黨痛挫執政黨，雖然未能促成中央政府改朝換代，卻史無前例地在十三個州當中贏得五個州政權，而且在國會二百二十二個席位中贏得八十二個席位，否決了執政集團「國民陣線」（National Front，簡稱「國陣」）自獨立以來掌握的國會三分之二多數議席之優勢[1]。此選舉結果確實很震撼，乃至人們以「政治大海嘯」喻之；它不僅鼓舞從政者和期許改朝換代的公民，也鼓舞了一些人進場創辦獨立媒體。

網路版獨立媒體之發軔應追溯至一九九八年的「烈火莫熄」（Reformasi）改革運動（雖然當時的網路版獨立媒體比較接近後來流行的說法「公民記者」及匿名網站的形式），但是第一個十年（一九九八—二〇〇八）的演進比較緩慢，英文原生新聞網站「當今大馬」（Malaysiakini）在一九九九年十一月大選前夕創刊後，幾無對等的其他英文新聞網站，而中文獨立新聞網站則要遲至二〇〇五年才有「獨立新聞在線」和「當今大馬」中文版同時創刊。

二〇〇八年開始的第二個十年，越來越多各語文新聞網站創刊，如「馬來西亞局內人」（The Malaysian Insider）和已停刊的「The Nut Graph」，都是在二〇〇八年大選之前誕生，趕搭採訪大選新聞之列車；二〇〇八年大選之後，出現了至少兩個重要變化：

（一）人們普遍上以媒介類型來界定「網路媒體=獨立媒體=替代媒體」，並據此將它和報紙及廣電等傳統媒體區隔。然而，馬來西亞的傳統媒體如今已比當時更加重視網路平台，甚至也製作網路視頻報導新聞和評論。

（二）新聞網站多為小規模資本，是專為創辦原生新聞網站而成立的公司實體，而且比較接近社會企業，與既有的傳統媒體企業或其他企業沒有關

> 聯。但是，在第二個十年裡，已有資本相對雄厚的媒體企業和非媒體企業進場投資新聞網站，比較接近商業模式的「企業媒體」，使得掛著「新聞網站」之名的媒體日益增加。

前述變化令何為「獨立媒體」更加不易界定，為了方便討論，本文的「獨立媒體」採用比較寬鬆的界定，傳統媒體集團以外的小規模新聞媒體均列入討論範圍。

獨立媒體的喜悅與哀愁

二〇一一年至二〇一五年是馬來西亞網路新聞業第二個十年的中後期，一邊相繼傳出新聞網站因資金捉襟見肘而停刊的「壞消息」，另一邊卻有資本相對雄厚的企業家進場投資新聞網站，例如地產商許志國創辦三語「每日蟻論」（The Ant Daily）、星報媒體集團前副主席李福隆（Vincent Lee）創辦英文「辣醬」（Cilisos），以及早在一九九四年已創辦財經報紙《The Edge》的屋業發展商童貴旺，在二〇一四年收購了新聞網站馬來西亞局內人。

「獨立新聞在線」停刊

二〇一一年五月，在二〇〇五年創刊、以深度報導見稱的中文獨立新聞網站獨立新聞在線（merdekareview.com）因長期贊助人不再注資而一度宣布將在六月倉促停刊。不過，後來員工自發性展開「自救運動」，一邊向公眾募款，一邊與當今大馬中文版推出聯合訂閱制度，冀望通過訂閱費補貼營運開銷。與此同時，在二〇〇五年促成獨立新聞在線創刊的行政總裁饒仁毅引退，由員工接管獨立新聞在線；其時留職停薪在台灣深造的創刊總編輯莊迪澎亦正式卸任，由原任中文版主編陳慧思接任總編輯。

「自救運動」使獨立新聞在線免於倉促停刊。為了生存下去，獨立新聞在線竭盡所能開源節流，將每月約馬幣六萬元的開銷降低到五萬元，但其時募款所得大約馬幣二十萬元（新台幣約一百八十萬元），僅足以勉強應付四、五個月的開支，而聯合訂閱制所得亦僅足以應付一半的開支。在奔走尋找投資者和贊助人卻未能盡如人意之後，獨立新聞在線終於在一年後宣布停刊，網站在二〇一二年八月三十一日停擺。

付費訂閱制不足以應付獨立新聞在線的營運成本，實乃預料中事，因為一方面許多讀者可能共用帳號，一人付費多人取用，另一方面網站內容經常被讀者轉貼到部落格或各式網站，沒有付費訂閱的網民亦能「搭便車」閱讀。此外，採取付費訂閱制之後，一如所料，讀者流失——實施訂閱制之前，其每天訪客人數約有五萬多，實施訂閱制之後卻僅剩五千多，高達九成讀者不付費訂閱。

其實，當今大馬中文版在二〇〇五年創刊之初，也和母體英文版當今大馬一樣採行訂閱制，但可能反應未如預期卻又影響點擊率欠理想，而在不久後取消訂閱制[2]，之後就一直依賴母體的資金為生。對當今大馬中文版而言，聯合訂閱制既可獲得即便未臻理想也不影響其存亡的額外收入，在一定程度上化解長期依賴母體的窘境，亦可避開訂閱制造成點擊率和訪客流量落後於主要競爭者的難題。當今大馬中文版與獨立新聞在線推出聯合訂閱制後，迄今都維持收費。

「The Nut Graph」停刊

「The Nut Graph」（thenutgraph.com）的前身稱為票選大馬（Malaysiavotes.com），在二〇〇八年二月杪由三位英文新聞工作者創立，趕上了採訪三月全國大選之時機。「票選大馬」在同年八月十五日以The Nut Graph的名稱轉型為一個深度報導政治和流行文化的新聞網站，全盛時期有九名職員。

The Nut Graph的資金來源也是來自未公開身分的投資者。二〇一〇年七月二十二日，該網站宣布，由於主要投資者遭受二〇〇八年金融危機所累而中斷注資；為了繼續存活，他們部署了四項步驟：（一）資遣全職員工；（二）從每日更新改為每周更新；（三）不再處理新聞和專題報導，只保留評論；（四）向公眾募款。

二〇一二年八月六日，The Nut Graph再度宣布減產，從每周刊登二至三篇評論改為只刊登一篇。不過，這些步驟僅能延緩該網站停刊的期限而已；二〇一四年七月二十八日，該網站終於宣布停刊。

二〇一一年至二〇一五年的四年裡，另有一些小規模的獨立新聞網站停刊，其中一個是二〇〇九年四月開通的中文新聞網站「風雲時報」（therocknews.com），在二〇一一年二月一日以僅有兩段文字的簡短聲明宣布停刊；雖然言明原因，但估計也是因資金耗盡。

另一個曇花一現的網站是由資深廣電媒體人黃莉娥主持的中文時事網站「7彩」，該網站在二〇一二年九月三十日推出，內容是以時事評論視頻和評論文章為主，但僅推出一年多，就於二〇一三年四月一日之後靜悄悄停刊了。

當今大馬募款置產

在一堆「失敗」的例子當中，馬來西亞第一家原生新聞網站當今大馬，可能是唯一有盈餘的獨立媒體。本文截稿時，根據馬來西亞數位協會（Malaysian Digital Association）與comScore公布的，二〇一五年五月馬來西亞頂尖線上機構（top online entities in Malaysia），當今大馬網站（不分語文）的訪客人數有一百零五萬一千個，在各類網站中排名第六，在新聞類網站則領先其他媒體。

根據該公司在二〇一四年公布的資料，它在二〇〇八年至二〇一二年的五年裡，總收入達馬幣兩千零七十萬元（各項業務收入比例為訂閱40.6%、廣告33.5%、計畫資助18%、手機服務3.4%，以及其他收入4.5%）、開支為馬幣一千九百八十萬元（各項開支比例為編採61.7%、行政16.4%、科技8.5%、行銷6.9%，以及法律和其他成本6.5%），五年盈餘合計馬幣八十六萬元，平均每年馬幣十七萬兩千元[3]。

當今大馬在二〇一三年初推出Kinibiz財經網站、KiniBiz紙本報紙及網絡視頻KiniTV之後，在二〇一三年十一月十五日宣布推動「一人一磚」募款運動[4]，目標是在兩個月內籌得馬幣三百萬元，以購買一棟占地約一萬平方呎、三層樓、買價加上裝修費用合計馬幣七百萬元的建築物作為該公司的辦公大樓。二〇一四年十一月二十二日，當今大馬以躊躇滿志的姿態舉行創刊十五周年紀念暨新辦公大樓啟用典禮。

向公眾募款置產的當今大馬，迄今仍是一家僅由三位股東合計掌握93.06%控制性股權的私人有限公司——首席執行員詹德蘭（Premesh Chandran）個人持有34.47%、總編輯顏重慶持有29.42%，以及（美國）媒體發展貸款基金（Media Development Loan Fund）持有29.17%，董事會僅有的三位董事也是詹德蘭、顏重慶和媒體發展貸款基金的首席執行員哈爾蘭曼德爾（Harlan Miles Mandel）；另外三十六位小股東主要是職員和前職員，合計僅持有區區6.94%的股權。

馬來西亞局內人股權易手與FZ.com停刊

馬來西亞局內人（themalaysianinsider.com）是在二〇〇八年二月二十五日創刊的免費英文新聞網站。根據馬來西亞數位協會與comScore公布的二〇一五年五月馬來西亞頂尖線上機構，馬來西亞局內人的訪客人數（unique visitors）有九十四萬四千個，在各類網站中排名第六，但在新聞類網站則排名第二，僅次於馬來西亞局內人。

馬來西亞局內人最初是由新聞工作者Png Hong Kwang和NTV7電視台的前首席營運員Sreedhar Subramaniam創辦，草創時期盛傳投資者是與時任首相阿都拉巴達威（Abdullah Badawi）有密切聯繫的商人和新聞工作者，而阿都拉巴達威在二○○九年退位後，這組投資者停止注資，輾轉由三名資深新聞工作者Jahabar Sadiq、Joan Lau及Leslie Lau主導經營，前者擔任行政總裁，後兩者分別擔任總編輯和執行編輯[5]。

不過，在二○一三年中旬，Leslie Lau和原任總編輯Joan Lau等人因對公司未來方向有歧見而出走，參與創辦另一個新聞網站「馬來郵報在線」（The Malay Mail Online）。他們出走後，Abdullah Badawi由Jahabar Sadiq兼任行政總裁和總編輯。

一年後，馬來西亞局內人再生變化，這次是股權易手——屋業開發商童貴旺控制的The Edge媒體集團在二○一四年六月初收購了馬來西亞局內人，使它成為這個自一九九四年創建的媒體集團的新成員，不過網站繼續由Jahabar Sadiq掌舵。

馬來西亞局內人的訪客人數雖然奮起直追當今大馬，業績卻差強人意，此次股權易手主因應是資金無以為繼。原有業主TMIDOTCOM私人有限公司光是二○一三年和二○一四年的稅後虧損分別為馬幣2,800,780元和918,495元，累積虧損高達馬幣8,661,328元，債務達馬幣9,569,335元[6]。

The Edge媒體集團旗下原有一個在二○一二年十月創刊、走專題報導路線的英文新聞網站「FZ.com」，在兼併了馬來西亞局內人之後，也許是基於避免資源浪擲，決定讓FZ.com自二〇一四年七月一日起停刊。

「每日蟻論」股權易手

許志國媒體集團旗下在二〇一三年十二月創辦的三語每日蟻論，在二〇一五年十月一日傳出停刊消息。該網站中文版專欄作者在當天先後接到編輯和行政人員電郵通知，該集團基於商業策略考量而退出新聞和時事網站業務，「將從十一月開始停止資助運作每日蟻論網站」[7]。

此事經《東方日報》報導後，每日蟻論發表聲明，證實許志國媒體集團結束每日蟻論和《熱點》（*The Heat*）的業務，但每日蟻論不會停刊，而是將由其他業者接管，未來會繼續營運（每日蟻論，2015.10.03）；不過，至本文定稿為止，每日蟻論尚未公布具體詳情。此外，據了解，每日蟻論股權易手後，將只保留英文版。

《激流月刊》紙本停刊

除了新聞網站停刊，馬來西亞歷史最悠久的獨立媒體《激流月刊》（*Aliran Monthly*）亦在二〇一四年傳來停刊消息。《激流月刊》是一本英文時政雜誌，創刊於一九八〇年，它是由總部設於檳城的民權運動組織「國民醒覺運動」（Aliran

Kesedaran Negara）出版。國民醒覺運動成立於一九七七年，是馬來西亞的「老牌」人權組織，成員以知識分子和大學講師為主，他們也是《激流月刊》的主要作者。這分紙本雜誌堅持不收廣告，而且經常遭到內政部為難，卻靠著成員們義務經營而維持了三十三年之久。

《激流月刊》注重民主體制、經濟政策、司法獨立、人權、新聞自由等議題，銷量接近四千份，長期訂戶和報攤零售各占四成半和五成半，但國民醒覺運動礙於報攤擺售情況未臻理想且收帳不易，在二〇一一年三月宣布停止在報攤零售，只接受訂戶。

二〇一三年十二月三日，國民醒覺運動再宣布停止出版紙本《激流月刊》——二〇一四年十月出版最後一期之後，這本頗具深度的時政雜誌便停刊，走入歷史，作者群將只在該組織的網站（aliran.com）發表時政分析。

「理想類型」獨立媒體此起彼落

《向陽花／向日葵／太陽花》[8]

馬來西亞憲法規定，國州議會選舉最遲每五年舉行一次，但按照過去的經驗，下一次的大選多數在上一次大選過後的三至四年就舉行了；所以，雖然二〇〇八年大選以後的下一次大選最遲得在二〇一三年舉行，但是在野黨和民間組織在二〇一一年就開始為隨時會舉行大選備戰了。

二〇〇八年大選在野黨大捷之後，民間對於實現政權輪替更加躊躇滿志，冀望貢獻一己力量促成「變天」夙願。在這個時代洪流中，華人社會一些民眾自發性組織了「淨選盟媽媽」、「向日葵選舉教育運動」和「柔南黃色行動」等組織推動各種選舉教育，如主辦巡迴工作坊、培訓監票員、講座，以及美食中心打游擊式演講。在美食中心的演講令他們驚覺許多在互聯網上熱議的時政課題，很多草根民眾竟然不知情。此現象促成他們從二〇一二年十二月開始出版一份免費派送的小開本、每期十二頁的免費報紙《向陽花》，以期拉近資訊落差。

《向陽花》以眾籌方式募集出版經費，出版後再由「淨選盟媽媽」和「向日葵選舉教育運動」的人脈分配到各地免費派送；創刊號印行五萬五千份，第二期《向日葵》印行六萬份，第三期《太陽花》則加倍印行了十二萬份。與此同時，《向陽花》也出版了兩期馬來文版，以及設立「太陽花」網站（sunflowerpaper.com），除了刊載文字內容，也提供紙本報紙的電子檔供民眾自行下載，以便印刷和派發[9]。

二〇一三年五月五日舉行第十三屆全國大選時，民間的求變聲勢猶勝二〇〇八年，但礙於選制之故，在野黨總得票率高於執政黨，所得議席卻少於執政黨，未能實現政權輪替。民間的「反風」吹向高潮，但在「變天」功敗垂成後陷入低潮，向陽花系列在二〇一三年十月以《小黃花》的刊名出刊之後，也停止印行了。太陽花網站雖然保留，但已無更新內容。

《街報》

另一份理想類型獨立媒體是在二〇一三年選後創刊、每月出版一期的《街報》。這分八開本實驗性報紙以文化政治出發，展開文化批判和轉譯，梳理城市、移民／工、壟斷系列、土地正義、社區營造、抗議歌曲、另類媒體、同志、性別、青年貧窮等議題。

《街報》在二〇一三年九月創刊時，由一家獨立出版社「眾意媒體」的四人編輯團隊策劃和主持編務，但考慮到成本、申請出版准證的難度和其他風險，以共享資源的方式「附身」於該出版社承接的在野黨民主行動黨黨報《火箭報》，占用中間八頁，形成類似《火箭報》的文化副刊[10]。

它雖然「附身」於《火箭報》，卻有本身的編輯團隊。《街報》的規模小雖小，卻有鮮明的企圖心，誠如共同創辦人張溦紟所述，《街報》展現了它介入現實政治的態度和方式，而且「自許要培養自主公民，期待人們夠成為社會主體，即相信有介入和改變的可能，並且有能力與各方勢力尋求聯結甚至對抗」。

截至二〇一五年五月，《街報》共出版了二十一期，後因《火箭報》的出版工作交回民主行動黨黨部，《街報》因而脫離眾意媒體和《火箭報》，並停止出版紙本，六月起只經營網路版（streetvoicemsia.wordpress.com）。

「燧火評論」

二〇一四年五月十九日，主打時政評論的新網站燧火評論（pfirereview.com）創刊。該網站取名「燧火」乃寓意師法燧人氏和普羅米修斯，自我期許在這片人文根基孱弱，社會科學知識暗澹的土地上，點上一盞微弱但又頑強的燈火。

燧火評論集結了四十五位專業背景各異的學者和媒體人，每天發表一至兩篇深度評論，顯現不同作者對各自關懷的公共事務與文化現象的觀察與反思。

此網站是由馬來西亞一家獨立出版社，「燧人氏出版社」的業主王宗麟投資設立，創辦初衷是冀望正值馬來西亞社會面臨政治和民主轉型時期的關鍵時刻，有更多「不倚傍任何黨派，不迷信任何成見」（胡適語）的聲音出現，因而「匯集一眾認同我們理念的評論人，以他們所學所長，針對社會重大議題，提出他們思考的成果，供社會討論與交流」[11]。

「達邦樹」

達邦樹（tapangrainforest.org）是馬來西亞砂拉越州（東馬）的一個關注森林消失狀況的中文獨立網站，自二〇一四年十月創刊。該網站由當地民間組織「拓展他種生活學會」（Institute For Development of Alternative Living）主持，依賴基金和捐獻維持。

「達邦」（Tapang）是砂拉越一種常見的高大樹木，也是受保護的森林品種，網站以此命名是「寓意樹木的尊嚴與森林的管理與保育，並希望在社會與法律的護衛下，讓森林繼續存留，扮演生態棲息地的功能，以及供應惠澤人類社群的各種物品與服務」，而設立此網站，旨在向中文讀者傳達森林砍伐對社會與環境的衝擊，包括翻譯自英文媒介的報導與研究報告，並兼顧其他衝擊森林生態與當地社區的議題，例如水壩建造，油棕種植園開發與工業汙染。

值得一提的是，達邦樹的讀者對象，除了馬來西亞，更放眼台灣，認為通過主要進口國的合法木材採購政策，可促使改善生產國的林業管理，而台灣是砂拉越木材的第三大進口國，也是二〇一三／二〇一四年馬來西亞最大的油棕進口國，占台灣植物油進口淨百分之三十七點七，應宣導台灣社會正視合法採購木材的問題[12]。

修法劍指網路媒體與社交媒體

二〇一一年至二〇一五年，恰好是馬來西亞第六任首相納吉從第一個任期過渡到第二個任期期間。執政集團國陣在二〇〇八年大選遭逢重挫之後，時任首相、國陣骨幹政治巫統（United Malays National Organisation）黨魁阿都拉巴達威（Abdullah Badawi）遭黨內逼宮而在二〇〇九年四月黯然下台，納吉以黨政第二把交椅的身分，接任黨魁和首相大位。

未經選舉考驗的納吉，在宣誓就任前後一星期，至少在四個不同場合發表了向媒體示好的言論或舉措，試圖藉著既被政府牢控，又讓政府摸頭的主流媒體塗脂擦粉，打造尊重異議、容許新聞自由的開明形象，但上任後召開宣布政府團隊的第一場新聞發布會就禁止獨立新聞在線進場採訪，遭獨立新聞在線批評為「納吉偽善政權原形畢露」（陳慧思，2009.04.09；獨立新聞在線，2009.04.09）。

到了二〇一一年，為了回應七月九日的第二場「淨選盟」（Bersih）大集會的壓力，以及第十三屆全國大選隨時就得舉行的考量，納吉在九月十五日晚上通過電視廣播「馬來西亞日」獻詞時，宣布了幾項所謂的改革方案，喬裝打扮成改革旗手，包括：（一）廢除《1960年內部安全法令》及《1959年放逐他州法令》，以及（二）修訂《1984年印刷機與出版法令》、《1933年限制居留法令》及《1967年警察法令》。二〇一二年七月十一日，納吉在馬來西亞律師公會晚宴「加碼」宣布將廢除《1948年煽動法令》。

修訂《證據法令》

納吉政府雖然在二〇一二年廢除《內部安全法令》和《放逐他州法令》，以及修訂《印刷機與出版法令》，卻也修訂《1950年證據法令》和訂立新的《2012年安全罪行（特別措施）法令》，把互聯網和網民當做整治對象。

《證據法令》修訂案新增第「114（A）」條款，規定網上論壇、新聞網站及部落格服務的網主，以及提供無線上網服務的企業必須為他人在他們的網絡或網站上發表的煽動性內容負責；而且，若某人的名字與惹禍文章扯上，或該文章是從某人的電腦上傳，即便他不是作者，也得承擔法律責任（表一）。

此新條款為法律界所詬病之其中一處，是它違反「無罪推定論」之法治原則——任何人未經法院定罪前當無罪論，而且舉證（以證明被告有罪）是檢方不可旁

表一：《證據法令》第114（A）條款——事實推定

條　　款	內　　容
114（A）（1）	當某人的姓名、照片或筆名在任何出版品中出現，描述其為該出版品的所有者、網主、管理者、編輯或助編的身分，或以任何方式給予刊載或轉載該出版品之便利，其人應被假定為該出版品的作者，除非他能證明事實並非如此。
114（A）（2）	任何人向網絡服務供應商註冊為訂戶後，該人應被假定為出自該網絡服務的任何出版品之刊載人或轉載人。
114（A）（3）	任何人保管或管控作為某出版品來源的任何電腦，該人應被假定為刊載或轉載該出版品之人，除非他能證明並非如此。
114（A）（4）	為本條目的—— （a）「網絡服務」及「網絡服務供應商」之意義與《1998年通訊及多媒體法令》（第588號法令）第6條相同；以及 （b）「出版品」意指展示在電腦螢幕的聲明或描述，包含書寫的、印刷的、圖片的、影片的、圖像的、傳音的或其他形式。

貸的責任，檢方務必先證明被告有罪，被告始需要抗辯證明自己無罪，但此新條款恰恰相反，檢方無需舉證而是先假定被告有罪，而被告得舉證撇清罪行，顯然本末倒置。

至於以打擊恐怖主義活動之名訂立的《2012年安全罪行（特別措施）法令》，除了保留《內安法令》未審先扣留的預防性措施（但從最長六十天縮短至二十八天），還授權總檢察署及警方在處理安全罪行案件時，無需法院的命令即可干預通訊。

納吉政府在二〇一二年修訂《印刷機與出版法令》時雖廢除報紙／印刷商必須每年重新申請出版准證／印刷機執照的規定、刪除第「13A（1）」條款中「法院不能以任何理由質詢」（內政部長根據此法令所做的任何決定）、刪除內政部長的「絕對裁量權」（absolute discretion）一詞，以及「恢復」業者的「陳情權」（right to be heard），但是這些修訂乃口惠而實不至，最多只是每年省下馬幣三千元的（日報）出版准證費而已，因為內政部長仍然掌握是否發出新出版准證及撤銷出版准證等，操縱印刷媒體存亡之大權。其實，修訂《印刷機與出版法令》乃聲東擊西之計，轉移視線以淡化前述以互聯網用戶和網絡媒體為對象的《證據法令》修訂案。

修訂《煽動法令》

原來就背負著「蒙古女子謀殺案」醜聞上台的納吉，在二〇一三年大選過後繼續醜聞纏身，例如他和妻子窮奢極侈地揮霍公帑（包括其妻使用政府專機出國旅遊），以及由他主導成立、親自擔任顧問的投資公司，一馬發展有限公司（1Malaysia Development Berhad）爆出馬幣四百多億元虧損的醜聞，備受在野黨、公民社會和異議分子非議。

處於醜聞風口浪尖上的納吉，在二〇一四年就開始頻密以維護族群和諧及公共秩序之藉口釋出「檢討」廢除《煽動法令》的聲音。果不其然，二〇一五年四月七日，納吉政府便在國會提呈《二〇一五年煽動（修訂）法案》一讀，並於兩天後倉促通過比原有法條更嚴厲的修訂案。

修訂後的《煽動法令》，除了規定煽動罪的最低刑罰為監禁三年（原有刑罰為初犯罰款不超過馬幣五千元或監禁不超過三年），令在野黨議員首當其衝之外[13]，普羅大眾（具體來說是使用社交媒體的網民）和網絡媒體（包括社交媒體，甚至是手機通訊軟體）也是受害者，因為修訂後的「第2條款」（字詞詮釋）加入「以電子方式」（by electronic means）一詞的詮釋，名正言順地將其魔爪伸入互聯網世界。

修訂前，闡明「法院有權禁止煽動性出版品流傳」的「第10條款」主要是針對紙本出版品，並無直接指明電子媒體，但修訂案新增的「第10（1A）（b）條款」具體闡明，若被查禁出版品是以電子方式出版，法院的禁制令應諭令產製者或流傳者刪除或安排刪除該出版品（完全或部分），以及禁止產製者或流傳者禁用任何電子裝置。違令者可判處罰款不超過馬幣五千元或監禁不超過三年（修訂前為罰款不超過馬幣一千元或監禁不超過一年），或兩者兼施。

「第10（5）條款」亦相應修訂，新增「第10（5）（b）條款」具體闡明任何人若知道本身藏有或控制著以電子方式出版的被查禁出版品時，應刪除或安排刪除該出版品（完全或部分），否則可判處罰款不超過馬幣五千元或監禁不超過三年（修訂前為罰款不超過馬幣一千元或監禁不超過一年），或兩者兼施。

尤有甚者，《2015年煽動（修訂）法令》新增「第10A條款」，賦予法院「針對電子方式煽動性出版品發出命令的特殊權力」。此條款闡明，若以電子方式出版的煽動性出版品是由無法確認身分的人士所產製或流傳，地方法院法官可依檢察官之申請，命令《1998年通訊與多媒體法令》授權之官員去防止人們近用這些出版品。

修訂《通訊與多媒體法令》

另一個瞄準網路媒體（尤其是社交媒體）的修法，在二〇一五年十月提呈到國會，那就是修訂《1998年通訊與多媒體法令》，原任通訊與多媒體部部長阿末沙比里（Ahmad Shabery Chee）在二〇一五年六月間先後透露，修法是為了能更好地規管社交媒體、兒童色情及破壞國家經濟的內容（The Star, 2015.06.08; 2015.06.25），而新任通訊與多媒體部部長沙烈（Salleh Said Keruak）在同年八月初接任後進一步透露，十月的修法可能規定新聞網站必須註冊，而政府也在考慮採用新加坡實施的模式（The Malaysian Insider, 2015.08.06）。

雖然《通訊與多媒體法令》「第3（3）條」款闡明「本法令任何條款均不得解釋為允許審查互聯網」，但是馬來西亞政府多年來，一直都有意通過修法來加強管束網路媒體；但是，即便尚未修法，也已有現行法條可以用來打壓網路媒體，晚近較常用來干預網絡媒體和檢舉網民的條款是「第211條款」的「禁止令人反感的內容」及「第233條款」的「不當使用網絡設備或網絡服務」，均可令網路媒體業者和網民淪為階下囚（表二）。

清算媒體，「假改革」壽終正寢

在馬來西亞，政治與媒體的其中一個常態，就是當首相遭逢權位危機時，媒體首當其衝，成為他們化解危機的重要手段之一。馬哈迪如此，後來的兩任首相阿都拉和納吉亦蕭規曹隨。

納吉在二〇〇九年四月初背負著「蒙古女子命案」醜聞，和國陣在二〇〇八年大選遭受重挫的包袱上台，而此時的公民社會，活躍程度猶勝從前，尤其是二〇一一年七月九日的「淨選盟2.0」大集會，不論規模或聲勢皆比二〇〇七年的大集會有過之而無不及。納吉雖然在二〇一一年宣布了前文所述的所謂「改革」來紓解民間壓力，但在他和公共形象糟透的妻子羅斯瑪的新醜聞一再曝光後，修理媒體的舉動便接踵而來了。

內政部向印刷媒體開鍘

在馬來西亞，印刷媒體和廣電媒體最容易打壓，因為他們是領有內政部／通訊與多媒體部發出的准證／執照方可合法經營，而主管部長有權隨時撤銷他們的准證／執照。數十年來，撤照例子不勝枚舉，最常被提起的莫過於馬哈迪政府在

表二：《1998年通訊與多媒體法令》第211條款和第233條款

條　　款	內　　　　容
211	內容應用服務提供者及其他使用內容應用服務的人不能提供有傷風化的、猥褻的、不正確的、危險的內容，或是具有攻擊性意圖造成使任何人困擾、咒罵、威脅或騷擾等。 **刑罰** 第211（2）條款闡明，觸犯此條款者，最高刑罰為罰款馬幣五萬元或監禁一年，或兩者兼施。若在定罪後還繼續犯行，可以每日馬幣一千元的罰款處罰之。
233	不當使用網絡設備或網絡服務。 **刑罰** 第233（3）條款闡明，觸犯此條款者，最高刑罰為罰款馬幣五萬元或監禁一年，或兩者兼施。若在定罪後還繼續犯行，可以每日馬幣一千元的罰款處罰之。

一九八七年展開大逮捕行動時，一舉吊銷了三家報紙的出版准證，可謂產生了「一次被蛇咬，十年怕井繩」的深刻效應。

納吉任內已有兩次吊銷報紙出版准證的記錄，第一次是發生在二〇一三年。由地產商許志國創立的新興媒體企業「許志國媒體集團」（HCK Media）出版的英文時事周刊《熱點》（*The Heat*），在二〇一三年時一月二十三至二十九日刊摘引已在國會公布的材料，以「全民關注大手筆首相納吉」（All eyes on big-spending PM Najib）這個封面標題，報導首相夫婦窮奢極侈之作為（包括羅斯瑪搭乘政府專機出國），結果連收並回覆了內政部兩封指示解釋的信函，十二月中旬便遭內政部吊銷出版准證，而理由竟然是它的「出版准證訂明為『商業周刊』，內容卻像是一份日報，含有時事新聞，包括來自國會的文章，以致違反准證的規定」（莊迪澎，2014.01.21）。

二〇一四年二月，《熱點》獲准復刊，但同年八月，《熱點》及同一集團的英文網絡雜誌《大課題》（*The Big Issue*）宣告停刊，重組成《焦點周刊》（Focus Week），作為旗下財經周刊《馬來西亞焦點》（*Focus Malaysia*）裡的時事新聞專刊。此次重組作業的原因有兩種說法，一是《熱點》實際銷量欠佳，二是自從《熱點》遭逢前述停刊事故後，手上尚有地產和私立大學業務的許志國為了避開政治壓力而出此下策。

二〇一五年七月二十日出刊的英文財經報紙《The Edge財經日報》，以封面頭條揭露一馬發展有限公司醜聞的關係人、富商劉特佐詐欺馬來西亞十八點三億美元的細節，五天後內政部勒令《The Edge財經日報》及《The Edge週刊》從七月二十七日起停刊三個月。內政部提出的三個理由是：一、新聞標題和報導方式導致人們對一馬發展有限公司產生負面印象，進而牽連政府和國家領導人；二、這兩分報紙的報導引用來源可疑且未獲證實的資料，可能煽動公眾的思想，並且可能危害公共安寧及國家利益；三、特工隊正在調查一馬公司課題，因此不應該持續有能夠引起負面猜想的報導，而這對一馬公司不公平，進而對政府及國家領導人也不公平。

這兩分報紙被勒令停刊後，有民眾到該公司獻花表示支持，一些媒體工作者也在七月三十一日和八月八日舉行了兩場集會聲援。有別於《熱點》低調陳情的做法，The Edge媒體集團向法院提起司法複核訴訟，爭取撤銷內政部的停刊命令，並要求法院發出暫緩執行停刊令的庭令，但高等法院在八月十四日駁回申請。司法複核案則在九月七日審理。

值得一提的是，除了傳統媒體進軍網路平台，反過來近年原生新聞網站也要進軍紙媒市場，當今大馬就是其中一例。這家網媒曾在二〇一〇年向內政部申請出版准證以出版紙本報紙，同年八月遭否決後在二〇一一年二月十六日向法院申請司法複核。高等法院和上訴庭先後裁決內政部不發出版准證乃不恰當及不合理之舉，但內政部長阿末扎希（Ahmad Zahid）卻繼續以政府要控制報章的數量，避免讀者因過多的報章而感到混淆的理由，拒絕批准出版准證（東方日報，2012.10.01；光華日報，2014.03.27）。

另一案例是The Edge媒體集團曾為旗下新聞網站FZ.com申請出版紙本報紙的出版准證，一度獲准，卻又在大約一周後撤回（東方日報，2013.10.08）。

法律行動懲罰網媒和網民

在二〇一一年至二〇一五年期間，陸續傳出納吉政府採取法律行動為難網媒和網民的事故，尤其是在臨近可能舉行選舉的二〇一二年，有部落客因撰文批評南部柔佛州蘇丹而遭逮捕，其中一人雖在被逮捕的三天後獲法院開釋，但警方旋即重新逮捕他，而且在單獨禁閉的情況下盤問了他七天。另一名部落客則被指控有六十四篇貼文侮辱柔佛蘇丹，而遭警方援引《1972年官方機密法令》提控。

納吉政府在二〇一三年大選憑著選舉制度的缺失，而以少數總得票率繼續執政，但選後非但沒有從善如流，反而因備受一馬發展有限公司的馬幣四百二十億元債務醜聞的糾纏而大肆打壓網路異議。納吉在二〇一四年六月四日起訴當今大馬誹謗，成為馬來西亞史上第一位起訴媒體誹謗的首相。

納吉起訴當今大馬誹謗，所指涉的內容是當今大馬在五月十四日將讀者留言彙整刊登於「你怎麼說」（Yoursay）欄的兩篇文章〈首相自食其果之實例〉（A case of the PM reaping what he sows）及〈納吉將花費多少來保住登嘉樓？〉（How much will Najib spend to keep Terengganu?）。截至本文截稿時，此案雖尚未開審，但基於對司法獨立現狀，不僅當今大馬的處境堪虞，納吉的起訴動作對其他媒體亦有殺雞儆猴之疑慮。

當今大馬並非唯一被整肅的網媒，納吉過後也起訴一個親在野黨人民公正黨的視頻網站「人民媒體」（mediarakyat.net）。事實上，除了網媒，納吉也起訴在野黨國會議員誹謗；到了八、九月間，政府援引《1948年煽動法令》調查、逮捕和起訴學者、在野黨議員、社運分子和網民，堪稱罄竹難書。

二〇一四年十二月中旬，馬來西亞多媒體與通訊委員會（MCMC）宣布向號稱「馬來西亞僅有的獨立電台」的BFM 89.9開罰馬幣一萬元，原因是這家商業電台在二〇一三年十月二十一日，邀請美籍伊朗裔宗教學者里扎阿茲蘭（Reza Aslan）討論伊斯蘭真主「阿拉」課題，違反多媒體與通訊內容守則及電台執照條款[14]。

隨後，超過二十個疑為巫統外圍組織的非政府組織還在十二月十八日報案，指控BFM89.9的五位DJ在二〇一四年十二月十二日上午和傍晚的節目裡談論煽動性課題，包括「阿拉」字眼、馬來人特權及哈芝節宰牛等。不過，其中一位資深DJ張家揚在臉書透露，當天傍晚他人在新加坡的一家小販中心用餐，根本沒有值班。

網路攻擊、阻截與監視

立法和執法已非馬來西亞獨立媒體遭遇的僅有為難，網路攻擊、阻截與監視已疑似成了執政黨晚近幾年的手段。二〇一三年三月，加拿大多倫多大學的研究單位「公民實驗室」（Citizen Lab）揭露在全球三十六個伺服器裡偵測到一個名為「FinFisher」的軟體，而馬來西亞的一個伺服器正是其中一個。重點是，根據該軟體分銷商Gamma International的介紹，該軟體乃「政府資訊工藝入侵和遠程監控解決方案」。據「公民實驗室」指出，該軟體能使伺服器在未經其他電腦許可的情況下盜取密碼、竊聽Skype通話、音頻或視頻。新聞網站馬來西亞局內人引述《紐約時報》的報導後，馬來西亞通訊與多媒體委員會以「揣測和未經深入研究」之罪名調查該新聞網站，但後來沒有提出告訴。

二〇一三年五月，「公民實驗室」再揭露，他們確認了「一個與馬來西亞選舉相關的文件」含有監視間諜軟體。該研究單位表示，由於該間諜軟體只向政府行銷，因此若說有些政府行動者難辭其咎，是合理的假設。

另一常見的網路攻擊是「分散式阻斷服務」（DDOS），一些觀察家認為，馬來西亞安全機關資助或縱容此類攻擊行為。二〇一三年三月，設於英國的新網路電台「自由馬來西亞電台」（Free Malaysia Radio）播出的第一個節目——專訪國會在野黨領袖安華——就遭到「分散式阻斷服務」攻擊了，以致好幾天都無法登錄。二〇一三年四月，新聞網站當今大馬就遭受三十五次「分散式阻斷服務」攻擊。

二〇一五年七月五日，美國一個提供安全與風險管理議題分析的網站CSO Online報導，一個來歷不明的駭客集團當天公布大規模資料，揭露全球至少有三十六個國家和地區與一家網絡安全供應商有鏈接，使用其間諜軟體監視人民，而馬來西亞首相辦公室和馬來西亞反貪汙委員會都是其客戶（星洲日報，2015.07.07）。

阻截砂拉越報告網站

砂拉越報告（Sarawak Report）是一個設在英國倫敦的調查性報導新聞網站，由英國記者克萊爾布朗（Clare Rewcastle Brown）在二〇一〇年二月十二日創刊，專注於揭露東馬砂拉越州時任首席部長泰益瑪目（Abdul Taib Mahmud）的腐敗，和濫伐熱帶雨林牟利卻犧牲原住民權利之情事。同年十二月，她還創建了網路電台「自由砂拉越」（Radio Free Sarawak）。

二〇一五年七月二日砂拉越報告和《華爾街日報》同時揭露1MDB的七億美元（馬幣二十六點七億元）匯入納吉私人銀行賬戶，兩天後再揭露，有人在二〇一五年二月至四月，分八次合計匯入馬幣兩百萬元到首相夫人羅斯瑪的銀行帳戶。七月十九日，馬來西亞通訊與多媒體委員會指責砂拉越報告散播無法證實真實性的報導，影響國家穩定，宣布援引《1998年通訊與多媒體法令》「第211條款」和「233條款」阻截該網站，導致在馬來西亞上網的網民無法直接登錄該網站[15]。至本文截稿時，通訊與多媒體委員會尚未收回成命。

結語

回顧馬來西亞獨立媒體自二〇一一年迄今的經歷，堪稱「曙光乍現，暗夜驟臨」，相對於原有的大媒體集團的獨立媒體增多，相繼停刊的也不少；網路平台雖然挑戰了當權者管制媒體的效率，但是馬來西亞的政治體制畢竟相對威權，立法和執法手段仍然大行其道，仍是整肅獨立媒體和網路公民之利器。

經由前面幾節的討論，可見馬來西亞新聞自由和網路自由並無改善，甚至有惡化之虞，不利獨立媒體。從表三可見，二〇一一年至二〇一四年期間，馬來西亞的網路自由一直維持在「局部自由」的狀態，得分雖有起有落，排名卻每況愈下。

表四亦反映了馬來西亞的新聞自由狀況一路滑落，從二〇一一年全球排名第一百二十二滑落至二〇一四年的第一百四十七，這個新紀錄不僅是納吉執政以來最糟糕的紀錄，也是自二〇〇二年以來最糟糕的紀錄。

除了政治打壓，馬來西亞的獨立媒體雖因網路而蓬勃，在二〇〇八年以後的第二個十年雖然熱鬧，晚近幾年卻浮現良莠不齊，摻雜著以新聞網站之名包裝的「內容農場」和「政治宣傳平台」的現象。同樣令人擔憂的問題是，資訊與傳播科技普及（尤其是各種社交媒體、行動裝置）及各類網絡工具因應而生，業已導致一些獨立媒體的新聞編採求快、求眼球、求視覺、看臉書寫新聞，而且「例行化」（routinization），不求深度，對調查報導亦興趣缺缺。網路時代的獨立媒體會否還沒到壯年，就先衰老了呢？關心獨立媒體職能和前景者應反思和嚴肅探討此問題。

表三：2011—2014年馬來西亞網路自由得分

	2011年	2012年	2013年	2014年
網路自由狀態	局部自由	局部自由	局部自由	局部自由
近用障礙（0-25）	9	10	9	8
內容限制（0-35）	11	14	15	14
侵犯用戶權益（0-40）	21	19	20	20
總分（0-100）	41	43	44	42
排名	15（37）	23（47）	30（60）	33（65）

註：* 0 = 最自由，100 = 最不自由。2015年報告尚未發表。
資料來源：Freedom on the Net （Freedom House）, 2011, 2012, 2013, 2014

表四：2011-2014年馬來西亞新聞自由排名／得分

	2011年	**2012年**	**2013年**	**2014年**
無國界記者（全球排名）	122（179）	122（179）	145（179）	147（180）
自由之家（得分）	64（100）	63（100）	64（100）	65（100）

註：

1. 「無國界記者」的2011年和2012年世界新聞自由排名是一併處理。括弧內是受調查國家的總數。

2. 「自由之家」的分數評比，括弧內為總分。 0 = 最自由，100 = 最不自由。

3. 至截稿時，這兩個組織尚未發表2015年的報告。

資料來源：World Press Freedom Index（Reporters without Borders）, 2011/2012, 2013, 2014；Freedom of the Press（Freedom House）, 2011, 2012, 2013, 2014

1. 馬來西亞是英國前殖民地，獨立後承襲英國西敏寺議會民主制度，執政黨掌握國會三分之二多數議席是個重要指標，因為憲法規定，修憲必須獲得至少三分之二的國會議員支持。由於國陣執政的五十八年裡一直控制國會超過三分之二的多數議席，故動輒修憲以鞏固其統治優勢。

2. 付費訂閱制不利當今大馬中文版的點擊率，在2008年已有跡可循。根據當時Alexa.com的統計，獨立新聞在線於2008年中旬在馬來西亞中文新聞網站中排名第四，而當今大馬中文版落在第六位（光華日報，2008.06.04）。

3. 這筆資料引自當今大馬的募款網頁：http://building.malaysiakini.com/finances。無顯示日期。

4. 凡認購馬幣一千元磚塊，將獲得等值的訂閱和廣告配套，捐贈者的名字也將刻在新辦公樓的「支持者之牆」留念。

5. 資料引自維基百科，讀取日期：2015年9月4日。

6. 引自該公司在2015年1月28日提交給馬來西亞公司委員會的公司資料。

7. 筆者為其中一位專欄作者，在2015年10月1日當天接到兩封電郵，而後來也接到中文版編輯電話通知，中文版將在10月15日起停刊。

8. 《向陽花》、《向日葵》和《太陽花》實為同一系列出版品，由於《1984年印刷機與出版法令》規定使用同一名稱長期出版的印刷媒體必須獲得內政部發出的出版准證，否則違法，所以每一期使用不同的刊名，法律上等於是個別單行本，可以規避違法的問題。

9. 資料引自太陽花網站之「助印與財務詳情」說明，無顯示日期。

10. 眾意媒體的主持人是民主行動黨的國會議員劉鎮東，而時任眾意媒體總經理張溦紟對於《街報》附身於《火箭報》之決定，給筆者撰寫如是說明：「如何為《火箭報》的內容更多元，以接觸多樣的讀者群，而非固守黨報原來的支持者，也是出版社長期辯論的議題之一。在這個前提下，與相關決策單位幾經討論下，決議採取共享資源的方式，在《火箭報》開設版位，實驗性地經營《街報》。於是，在不增加任何印刷成本、無需另外向政府單位申請執照，並且可能面對被拒的風險，以及共用市場銷售平臺的情況下，眾意將《街報》企劃成是《火箭報》的另一個新欄目，就像一份主流報章附加一份副刊般，不間斷地出刊了一年半，前後將近二十一期。」

11. 引自燧火評論發刊詞，2014年5月18日。

12. 引自達邦樹簡介「我們的使命」。

13. 馬來西亞《聯邦憲法》第48（1）（e）條款規定，國會議員若被法院判處監禁一年或罰款馬幣兩千元，將喪失議員資格。由於政府經常援引《煽動法令》打壓在野黨議員，所以將最低刑罰定在監禁三年，等於說在野黨議員喪失議員資格的機率更大了。

14. BFM 89.9號稱「馬來西亞僅有的獨立電台」及「馬來西亞第一家以商務為主題的電台」，在2008年9月4日啟播，由馬列阿里（Malek Ali）以馬幣500萬元創辦，草創時期幅員僅12人，如今已擴大至50人。目前，吉隆坡、雪蘭莪、森美蘭和馬六甲四州部分地區的聽眾可收聽該電台的節目，收聽率估計30萬。多媒體與通訊委員會指責該電台違反多媒體與通訊內容守則及電台執照條款共三項：

（一）違反內容守則第3.14條款第4段，任何關於伊斯蘭的宗教節目需經相關宗教機構許可方可播出，即使是其他宗教也需要獲得適當宗教機構的建議。

（二）執照第8.1段闡明，該電台獲批准播放商業及財經新聞和訊息。

（三）執照第11段闡明，該電台不得提供任何直接與伊斯蘭以外相關宗教的內容、不可罔顧國內宗教及種族敏感，也不能夠提供違背國家社群的文化及道德價值。

此外，上述訪問也違反《1998年通訊及多媒體法令》第206（3）條款及第242條款（莊迪澎，2015.01.01）。

15. 《通訊與多媒體法令》第211條款及第233條款之內容，請參閱本文表二。通訊與多媒體委員會雖然阻截網站，但是懂得設置代理（proxy）網路或通過代理服務網站（hide.me）仍可在馬來西亞登錄砂拉越報告的網站。

作者簡介

莊迪澎

在馬來西亞長期觀察支配媒體業的政經因素、主張推廣媒體教育是新聞自由運動的重要工作。先後擔任馬來西亞新紀元學院媒體研究系創系主任、已停刊的「獨立新聞在線」創刊總編輯。目前是台灣世新大學傳播學博士學位候選人。

參考文獻

〈alexa.com最受歡迎中文新聞網站　《光華日報》名列第3〉（2008.06.04），《光華日報》。取自http://news.sina.com/int/kwongwah/105-103-102-102/二〇〇八-06-04/09022956409.html

〈內長：控制報章數量 拒發當今大馬出版證〉（2014.03.27），《光華日報》。取自http://www.kwongwah.com.my/news/2014/03/28/24.html

〈是一個管理層買下其全部股分：《The Ant Daily》 並沒有關閉停刊〉（2015.10.03），每日蟻論。取自http://cn-theantdaily.azurewebsites.net/Article.aspx?ArticleId=34453

〈挑戰內政部，當今大馬勝訴〉（2012.10.01），《東方日報》。取自http://www.

orientaldaily.com.my/index.php?option=com_k2&view=item&id=25742:&Itemid=113

〈新報章准證收回 童貴旺抨黑手阻擾〉（2013.10.08），《東方日報》。取自http://www.orientaldaily.com.my/index.php?option=com_k2&view=item&id=78291:&Itemid=113

〈納吉偽善政權原形畢露〉（2009.04.09），獨立新聞在線。取自http://www.merdekareview.com/news_v2.php?n=9348

〈被爆使用間諜軟件，首相辦公室反貪會監視人民〉（2015.07.07），《星洲日報》。取自http://news.sinchew.com.my/node/432758

郭振業（2015.10.02）。〈每日蟻論將於11月停刊！〉，《東方日報》。取自http://www.orientaldaily.com.my/nation/gn11783

陳慧思（2009.04.09）。〈首相辦公室直接下達命令禁獨立新聞在線採訪〉，獨立新聞在線。取自http://www.merdekareview.com/news/n/9345.html

莊迪澎（2011.09.21）。〈報業與狼共舞〉，獨立新聞在線。取自http://www.merdekareview.com/news/n/20358.html

莊迪澎（2014.01.21）。〈《熱點》停刊命運未卜新聞自由淪為首相特權〉，《公正報》，頁8-9。取自http://mediamalaysia.net/archives/3644

莊迪澎（2014.08.15）。〈公共新聞「非營利有限公司」〉，燧火評論。取自http://www.pfirereview.com/二〇一四0815/

莊迪澎（2014.12.15）。〈二〇一四年，納吉假改革壽終正寢〉，《火箭報》，頁

19。取自http://mediamalaysia.net/archives/4079

莊迪澎（2015.01.01）。〈「阿拉」禍延BFM 89.9電台〉，《火箭報》，頁9。取自http://mediamalaysia.net/archives/4217

張潄絵（2015.09.23）。〈《街報》是誰？側身《街報》一週年記〉，《街報》。取自https://streetvoicemsia.wordpress.com/%E7%B7%A8%E8%BC%AF%E5%AE%A4%E5%B9%95%E5%BE%8C%E5%91%8A%E7%99%BD/

comScore （2015.07.24）. MDA and comScore Release Rankings of Top Web Entities in Malaysia for May 2015. Retrieved from http://www.comscore.com/Insights/Market-Rankings/MDA-and-comScore-Release-Rankings-of-Top-Web-Entities-in-Malaysia-for-May-2015

The Malaysian Insider （2015.08.08）, Minister defends proposed Internet laws, says will follow 'international standards'. Retrieved from http://www.themalaysianinsider.com/malaysia/article/minister-defends-proposed-internet-laws-says-will-follow-international-stan#sthash.ONEFFMXc.dpuf

The Star （2015.06.08）. Shabery: Amendments to laws governing social media use to be tabled in October. Retrieved from http://www.thestar.com.my/News/Nation/二〇一五/06/08/shabery-social-media-use-amendments-law/

The Star （2015.06.25）. Cyber law amendments to have protection against child pornography. Retrieved from http://www.thestar.com.my/News/Nation/二〇一五/06/25/Shabery-Cyber-law-ammendments/

台灣

百花齊放，暗藏危機

管中祥

■媒體改革走到末路？

二〇一二年九月一日，近萬人走上街頭反對媒體壟斷，創下台灣媒體改革行動的人數最高紀錄。時序往前十八年的這一天，台灣報禁開放後的六年，五百多位記者及民眾擔心標榜「無黨無派、獨立經營」的自立晚報轉手到親國民黨的財團「三重幫」後，會失去原有的「本土」、「批判」精神，走上街頭，要求新聞自主。

這是台灣新聞工作者第一次走上街頭，也是第一次為爭取「內部新聞自由」而走。

十八年後的九月一日，台灣解嚴二十五年，不只報禁解除，廣電媒體也早已開放，台灣更是全球新聞頻道比例最高的地方。但這一天，超過九千人上街，但不只要爭取「內部新聞自由」，竟然連本來就已享有的「外部新聞自由」仍要爭取。

長年在中國經商的台灣首富蔡衍明，繼二〇〇九年買下《中國時報》、中視及中天之後，再度擴張媒體版圖，進軍承載（must carry）無線及衛星頻道的中嘉有線電視系統。以蔡衍明的實力與勢力，很多人擔心，一但併購案通過，台灣媒體將會壟斷在親中商人之手。事實上，併購案爭議期間，大部分的新聞頻道對此議題幾乎「集體噤聲」，而在《中國時報》內部，不同意見者受到打壓，記者的稿件也屢遭修改，新聞專業受到嚴重扭曲。

不過，最讓大多數人焦慮的是，併購案中的「中國因素」。這幾年，台灣在政治、經濟上對中國高度依賴，大眾傳媒因為個人生意或政治理念主動向中國示好，中國政府也以各樣好處利誘台灣媒體，蔡衍明不僅多次在旗下的媒體置入中國官員來台參訪的「新聞」，在接受《華盛頓郵報》訪問時也表示，「天安門大屠殺的報導其實很多都不正確，我知道並不是真的有那麼多人死掉」、「中國大陸很多地方是非常民主的……」。這樣的說法惹惱了許多人，但，更讓人驚訝的是，蔡衍明買下《中國時報》集團後，曾向中國國台辦主任表示：「此次收購的目的之一，是希望藉助媒體的力量，來推進兩岸關係的進一步發展。」

這場遊行，不僅反對資本壟斷媒體，也反對親中勢力入主台灣媒體，更再次宣告台灣自一九八〇年代中期以來的自由化政策，不但讓財團繼黨國之後接續操控媒體，也無法促成意見自由市場真正來臨。

再把時間往前推三年。二〇〇九年一月一日，元旦，全台放假，但卻有三千名群眾走上街頭。這樣遊行人數，對當時沉寂許久的台灣社會運動是少見的規模。那時，國民黨立委林益世等人想要透過審查公共電視預算，干預節目製作與董事會人事。台灣媒體觀察教育基金會、公民監督國會聯盟發起「搶救公視、監督國會大遊行」，以「人體骨牌」包圍立法院，抗議執政黨的作為。

這場遊行雖然免除國民黨對公視節目的直接干預，卻沒能擋住其對公視董事會人事的控制。半年後，國民黨透過修改公視法增加董事名額，安排自己提名的人選入主董事會，引發公視董事會嚴重對立，因而癱瘓將近三年。

這兩起台灣近幾年來重大媒體議題深具意義，反媒體壟斷遊行反應了台灣商業媒體的市場失靈，以及對「中國因素」的憂慮；「搶救公視、監督國會大遊行」及公視董事會爭議，透露了政黨操控公共媒體的心思從未少過，也讓不少人對於公共媒體的存在價值與信任嚴重動搖。

台灣的媒體改革看似走到瓶頸，但另類媒體及網際網路似乎提供了在商業媒體及公共媒體之外，另一種可能的出路，不但挑戰既有的政體與價值，甚至逐漸成為許多人主要的訊息來源。

網路運動真能改變世界

近年來，台灣的社會運動與網際網路關係密切，包括「反國光石化」、「大埔事件」、「反媒體壟斷」、「聲援洪仲丘」、「反服貿占領立法院」等多個重大的社會運動中，網際網路、社群媒體都扮演著要的連繫、宣傳與社會動員的角色。雖然網際網路科技形式與功能這幾年在社會運動中些許變化，但「樂生保留運動」卻創立台灣社運動網路參與的「原型」。

樂生療養院是台灣早期隔離「痲瘋病（漢生病）」的處所，這群因社會醫療知識不足而遭強制拘禁的長者，原以為可以在這城市邊緣安養天年，沒想到在未告知院民的情況下，捷運新莊機廠選址於此，他們突然面臨了拆屋迫遷的命運。二〇〇四年開始，來自各地青年學及NGO成立了「樂生青年聯盟」，和由院民組成的「樂生保留自救會」共同對抗來自國家與資本的侵擾，展開台灣社會運動史上重要的抗爭歷程。

二〇〇七年的「樂生保留運動」即使在主流媒體忽略，甚至扭曲的情況下，遊行仍有五千人參加，網路媒體在理念傳播及社會動員上扮演重要角色。在網路裡，有運動者的親身經歷，公民記者的第一手紀實，有轉貼、有轉寄、有串連、有共筆、有捐款，運動團體或部落客透過網站的運作，而捲動了更多人對於樂生的支持與參與，例如：樂生青年聯盟的即時資訊、醫界挺樂生連署、萬人照片挺樂生募集行動、全國紀錄片動員影展，部落客進行「讓樂生人權決定我們的總統」，以及「樂生公車」的行動動員，甚至在網站發起「一百元買下『保留樂生』的小小夢想」，不到二十四小時，就募集到超過二十萬的廣告費用，突破主流媒體的怠惰，提供更多公共討論的聲音。

除了自救會及社運團體的長期關注與經營，網際網路在這場運動中扮演重要的連繫與動員作用，也讓許多人對網路在社會運動中的功能充滿期待。二〇〇八年年底發生的「野草莓學運」更是把網路動員的功能發揮到淋漓盡致，除了上述的功能，包括twitter在內的自媒體與社群媒體也正式進入台灣大型社會運動的領域，不過，更重要的是，群眾透過3G上網及Yahoo! Live，將社會運動的現場透過傳網路傳送到個人電腦，並且破天荒的進行全國各地靜坐現場的同步轉播。

二〇一三年，網際網路則是把台灣社會運動推向另一個高峰。

即將退伍的大兵洪仲丘，在退役前幾天疑似遭到「虐死」的訊息傳來，不只社會嘩然，也引發二十五萬義勇鄉民組成的「白衫軍」，身穿白衣在洪仲丘告別式前一天齊聚凱道，送仲丘最後一程。人們不只因為洪仲丘枉死而哀悼，更是對迂腐的國防部及軍中人權屢遭踐踏，表達最大的憤怒。

二十五萬人上街抗議，是台灣近年來少見的非因政黨動員、非「政治」議題而走上街頭的最多人數，並且其中兩次大規模的群眾聚集都是以網際網路為主要動員媒介，甚至有人將此視為台灣版的「茉莉花革命」。洪仲丘事件不僅讓「素人」成為參與社運的主體，也出人意外的，以網路為主要討論及動員媒介的社會運動，竟然也能號召二十五萬人上街，許多人驚呼與盛讚網路的神奇，網際網路也被認為是改變社會的重要工具。

不過，更驚人的是，隔年發生的「太陽花運動」。

二〇一四年三月十八日，國民黨立委張慶忠以三十秒通過「兩岸服貿易協議」，人民憤怒地占領立法院二十四天，引發國際關注，最後退回服貿協議。

在群眾占領立法院的當晚，電子媒體並沒有太多報導，不久後，就有民眾將一台iPad架在拖鞋上，透過無線網路進行現場直播，上百萬人即時透過網絡看到立法院內外的情況，並經由Facebook等社群媒體快速傳布。一波波的群眾趕往立法院聲援，沒多久，兩側的青島東路及濟南路便擠滿人潮，上萬名群眾包圍立法院內外，警察成了夾心餅乾。大量的網民擠爆了wifi及4G的頻寬，沒多久便架起了WiMax，抒解頻寬不足的窘境。

許多對網絡技術熟悉的「駭客」或一般民眾，投入直播的工作，計有十二個頻道分別在議場內外轉播，包含YouTube、Ustream、livehouse.in等網站上都能看到現場畫面，無法到場的民眾，不但能同步知曉抗議行動的實況，亦能隨時趕往現場支援。

熱心的群眾也在網路上成立「太陽花運動國際部」進行全球串聯，超過五十個城市的學生紛紛通過影像、文章、聲明、照片表達對占領行動的支持。各式各樣、各行各業的臉書專頁紛紛成立，幾乎占領了台灣大多數臉書使用者的塗鴉牆。

公民記者、網絡媒體，新聞傳播科系學生秉持「媒體不報，我們來報」的精神，在現場進行採訪，不間斷地進行報導，讓民眾在被扭曲的新聞裡，有機會看清楚現場的面貌。網絡上有不同立場的懶人包，讓人民對服貿能有初略的了解，也有人把複雜的服貿議題用圖文或flash動畫重新梳理，以簡單的方式呈現對立兩造的意見與主張。

還有網民在公眾集資平台「FlyingV」發起募款，短短三小時就有三千六百二十一位網友捐款，募集了六百三十三萬台幣，他們買下《自由時報》及《蘋果日報》的頭版半版廣告，以及《紐約時報》國際版及美國版的廣告版面。

在太陽花運動中，有多重形式的網絡在其中連結、運作，洪貞玲在《我是公民，也是媒體——太陽花與新媒體實踐》一書中，依其當時各類網路媒體的提供內容、使用網路台，參與者、重要事蹟及影響作出區隔（表一）。

許多人早已對台灣主流媒體失望，選擇關掉電視，從網絡關注抗爭行動，各大社交平台成為傳播訊息的主要來源，包括Facebook、BBS等台灣民眾普遍使用的社交媒體，扮演著重要角色。

不容否認，網路技術使用簡便、容易操作，進入門檻比較低，某種程度的去中心化與相對隱匿特質也讓社會動員較為容易。然而，這樣的認定其實過於「科技樂觀主義」，忽略了網路科技與政商權力之間必要的鬥爭與辯證過程。

網際網路的確在社會運動的角色越來越顯注，但也經常被過度神話。但這並不是說，互聯網在社會運動中沒有作用，然而，議題本身強度與張力、荒謬的官僚系統、大眾媒體的推波助瀾，以及社會大眾的憤怒與恐懼，更重要的是社運團體本身平日的組織與協力，恐怕是社會運動能否有效動員的關鍵因素。

例如，「洪仲丘事件」發燒期間，大眾媒體二十四小時的大量播送與廉價正義，雖然未能讓民眾更了解事實真相與相關制度的陳腐與變革，但至少讓觀眾知道悲劇的發生，同時暴露了官僚系統的腐敗，激發民眾的同理與憤怒。

在台灣，絕大多數的男性都得服兵役，現在的軍隊管教雖不像過去那樣的嚴格，但「合理的要求是訓練，不合理的要求是磨練」仍然是部隊訓練的準則，也是退役軍人難以抹滅的記憶。對於當過兵的人來說，「洪仲丘」並不是特例，在他們的短暫軍旅生涯中，這樣的悲劇時有所聞或就在身邊。於是，對洪仲丘遭遇的不捨以及對軍隊管教的不滿交雜而生，悲憤地走上街頭控訴不義。

即使不曾當過兵的人也很清楚軍隊的管理邏輯，洪仲丘的死並不讓人意外。雖然他們未必親身經歷軍旅，但他們的孩子、男友、手足、朋友，也許正在當兵或即將入伍，軍隊的「恐怖」形象，讓人產生恐懼，他們憂心自己的親友會不會成為下一個「洪仲丘」，於是，因為焦慮及恐懼，憤而走上街頭，希望為親友的軍中生活爭取安全之地。

憤怒、悲傷與恐懼是人們上街的重要因素，情感是人們是否願意起身抗議的重要動力，「洪仲丘事件」不僅挑起了人們的悲傷情緒，更讓積壓在心中已久的憤怒與恐懼找到了宣洩的出口，終於化成行動，起身抗議。

表一：太陽花運動的網路動員型態

主題	提供內容	使用網路平台	參與者	參與者
沃草	國會無雙 市長給問嗎	自設網站，並連結Youtube與主流媒體平台	公民1985行動核心參與者	製作國會30秒通過服貿影片，網路大量 轉載並引發迴響
新聞e論壇	太陽花運動即時新聞	FB	跨校新聞傳播科系學生	運動期間提供1,234則新聞，粉絲13萬人
攝護線	社運現場直播	FB	直播專才、公民記者及志工	直播社運現場，降低參與門檻
公庫	社運影像報導	自設網站，並連結Youtube、公視Peopo平台與主流媒體平台	傳播學教師、具影像能力之青年、公民記者	持續進行社運影像紀錄，八年間累積超過2,400則報導
g0v	「你被服貿了嗎？」服貿專案	自設網站、FB	科技人、工程師為主	維持運動現場網路通暢，提供貿資訊
PTT	關於服貿議題之討論（八掛版、服貿版）	學術網路電子布告欄系統（BBS）、FB	鄉民	見證PTT文化轉型，大量討論造成爆紫（十萬人上線）
太陽花國際部	運動任務編組，將運動訊息翻成多國語言	FB	高學歷、具外語專才者	聯繫外媒，提高太陽花運動的國際能見度
海外330行動	散布各地的聲援網路	FB	散布在各國求學或工作的台灣人	發動330全球時差接力遊行，壯大國際聲援力量

另外，還得歸功於國防部及軍檢系統的荒謬演出。「洪仲丘事件」像是個俗濫的八點檔連續劇，高潮迭起，讓人罵聲連連。諸多證據與說詞不是憑空消失，就是前後不一，用謊言圓謊言不斷試探人民容忍的底限。而軍事檢察的辯護律師，有違中立原則。當然，幾乎不進入狀況的馬英九總統，進退失據的言行，更是讓人傻眼，各式官僚的劇情比「本土劇」精彩百倍，將人民的憤怒堆砌到最高點。

類似的情形也出現在「太陽花運動」中。

「反服貿」的聲音早就在民間響起，反對者不知辦過多少座談會、記者會表達憤怒之聲。但「張慶忠的三十秒」引發了人民對中國政策憂心、關切程序正義的年輕人衝進立院，透過網路的直播與臉書動員，一瞬間引發社會高度關注。

與此同時，主流媒體幾乎卯足全力報導這場運動，無論支持或反對，事件本身的衝擊與精彩，對商業媒體來說就已是筆好生意。除了少數具敵意或不同立場的媒體，大多數的傳媒傾向支持或描述性的報導，甚至加入直播的行列，雖然報導焦點甚少放在服貿本身的討論，但卻成功地引起更多人關注。

不容否認，這場運動的展開，網路扮演著重要角色，但議題及其中人物的荒謬，以及主流媒體的同聲「讚聲」亦是不可忽視的力量。然而，台灣社會這幾年來對於台灣政府及中國的不信任更是不容忽略的外部因素。重要的是，能夠發起強大動員及持續力量的是來自各方專業與勢力的社運團體及學生組織，他們長期關注社會與彼此合作，才能撐起這場數十萬人參與的社會運動。

長期參與台灣社會運動的台灣農村陣線成員陳平軒，在一篇討論反國光石化與網際網路的論文中就提到類似的看法：

> 透過網路而聚集的人群，在其組成基礎上是薄弱的，在其內在連帶上也是脆弱的；要為人們找到一個共同行動的可能性，「面對面（face to face）」的過程是必要的。透過「面對面」，人們認識到對方是個實在的人，知道對方長什麼樣子，感覺是否投契，對方不再只是一連串的文字或代號，而是和自己一樣的活生生的人。共同行動需要熟悉、需要信賴、需要共識，儘管網路也能夠擔負起一定程度的溝通功能，但終究不及人與人之間實體的連結。

另類媒體即是行動

網路動員的社會運動有時像是百貨公司周年慶人潮，來得快，去得也快，並且大多因應單一議題而生，若是社會議題沒有急迫性、荒謬性，或者其他人為因素，網路，至多只是訊息流動的平台，不易有太大社會動員的作用。

相反的，網路作為一種社會的反叛力量，並不能只是期待臨時性的網路行動，更要關注的是，有組織，並有明確政治與社會改革目標的另類／獨立媒體，對弱勢發聲、公共討論、社會改革的長期影響。

「另類媒體」通常處於非主流的邊緣位置，在不同的同國家、不同的歷史時期被冠以不同的名稱，並有不同的內涵意義。「另類媒體」有時被稱作「基進媒體」（radical media）或「草根媒體」（grassroots media）、「獨立媒體」（independent media），不僅只是為基進或另類觀點提供平台，也強調透過閱聽人或公眾自己的創造、生產和傳布，促成更廣大的社會參與，開創另類的公共領域（alternative public sphere），也有人直接以「行動者媒體」（activist media）指涉另類媒體的基進性。Waltz指出，所謂的另類媒體有時只是表現形式上的「另類」，但傳布的仍是主流價值，但「行動者媒體」的不同之處在於，鼓動閱聽眾採取實際行動，參與社會變革。Dowing以「基進媒體」的指稱來強化來稱呼另類媒體批判性與社會動能，他強調，基進媒體源生於政治與社會運動，並要對抗主流價值與權威。

最近幾年台灣社會常以「獨立媒體」形容這些相對具反叛性的媒體，但廣義來說，只要資金獨立、運作獨立，都能稱之為「獨立」媒體，然而媒體獨立未必「另類」，也可能反而靠近優勢的權力體系，複製主流的「政治」價值。

台灣在黨國體制的威權下，黨外雜誌、地下電台、報刊、錄影帶、民主台等另類媒體，企圖突破主流媒體網羅的運動，從未因為威權體制的解體而消滅（管中祥、張時健，2005）。而延續一九八〇年代的路徑，透過新興科技及替代性媒介的另類／獨立媒體，至今仍為弱勢發聲的重要管道。在台灣，一九九五年開始，陸續有「南方電子報」、「苦勞網」、《環境資訊電子報》、「小地方新聞網」、「全球之聲」、「公民行動影音紀錄資料庫」等另類網路媒體的出現，他們提供意見交換平台，讓弱勢者及志同道合的團體發聲，維持了一定的公共性與開放性，同時也在促進社會變革。

傳統上，另類媒體大多被認為扮演著非專業、非正式、非主流的補充性的角色，然而，這幾年的發展，卻不斷打破既有框架，不但越來越多的正式組織，專業表現也超過主流媒體，同時，有越來越多人投入另類／獨立媒體工作。在監督政府及鼓吹社會運動上也扮演起重要的角色。

台灣另類／獨立／公民媒體有著多樣類型的發展，整體而言，以報導公共議題、社會運動為主的另類／獨立／公民媒體，大致有四種主要的型態。

一、另類媒體「集團」：《立報》、《破報》、《四方報》。

這是由世新大學支持的另類媒體「集團」，雖稱「集團」，但規模並不大，卻有重要的社會意義。《立報》是具批判思維的教育報，有大量篇幅的社會運動新聞以及評論；《破報》則是強調青年發聲，除了有各樣的文化活動訊息，也對主流的文化價值提出反思與批評；而《四方報》提供東南亞移民／移工發聲的管道，除了以該國語言（例如：越文、泰文）書寫當地新聞，也有大篇幅版面讓移民／移工暢所欲言，《四方報》也曾製播歌唱節目在有線電視及網路播出。

雖然世新大學在台灣立下大學創立另類媒體的範例，但在二〇一四年三月三十一日，世新大學創辦人，同時也是台灣《立報》創辦人成舍我先生忌日的前一天，台灣《立報》宣告重整與休刊四個月，而一直是台灣異議文化重要象徵的《破報》，也在毫無預警下宣布停刊。

《立報》社長魏瀚表示，由於報紙虧損，加上少子化等因素，學校決定把資源主力放在提升教學品質上。而世新大學校長吳永乾在和學生座談中，回應外界質疑《立報》及《破報》的存續問題，他略顯激動地說：「我們是來辦學的，不是來辦報的。辦報是為了能夠支援我們教學，提供實習機會，增加學校的知名度、光彩，你如果發行只有六百份，我請問你們增加了什麼光彩？」

由於國家教育資源長期的不當配置，公、私立大學處於高度不對等的競爭關係，加上台灣高等教育近年受到少子化與教育商品化的衝擊，私人興學日益困難。依賴世新大學經費挹注的《立報》與《破報》自然成為校方財政考量下放棄的對象。

《立報》休刊、《破報》停刊的消息的傳出後，超過四千名校友連署，希望世新董事會能再三思破、立兩報的存續問題。並建議仿效英國《衛報》公共化的模式，以捐贈基金的方式讓台灣《立報》與《破報》徹底獨立，由專業人士監督與經營，成為真正的公共財。或者，持續以校務經費或募款方式維持《立報》與《破報》的運作，落實報紙作為社會公器的理想。

即使如此，世新校方最後仍堅持原有決策，《立報》雖已復刊，但已失去原有的弱勢發聲與批判樣貌。台灣第一個另類媒體「集團」也幾近瓦解。

二、網路原生、集體作戰：苦勞網、環境資訊電子報、公民行動影音紀錄資料庫、上下游News&Market新聞市集、焦點事件。

苦勞網、公民行動影音紀錄資料庫、焦點事件站在相對左翼的立場，廣泛地報導台灣社會運動，苦勞網成立於一九九七年，定位為「運動的媒體，媒體的運動」。創辦人孫窮理於二〇一四年十二月離開苦勞網，成立焦點事件，走向相較於苦勞網更強調議題的深度探索與資訊圖表的呈現。

公民行動影音紀錄資料庫成立於二〇〇七年，原為台灣「國科會」（今「科技部」）數位典藏計畫，成立八年，已累積超過兩千四百則社運影音報導。二〇一二年計畫結束，轉以公眾集資、小額募款方式維持運作，二〇一四年成立「社團法人台灣公民行動紀錄協會」計畫長久經營。公民行動影音紀錄資料庫是以影音報導為主的另類媒體，影像採C.C.授權，開闢多樣社運專欄，並與亞洲多個另類媒體進行合作。

《環境資訊電子報》是「環境專業」的網路媒體，主要內容在於蒐集國內外環境議題相關剪報，同時也進行環境新聞的報導，以作為環境資訊與環境運動的溝通平台。上下游News&Market（新聞市集）則為馮小非等人繼「莫拉克新聞網」之後成立的網路媒體，同時也是關心農業，以及友善土地議題的社會企業。是一個關注農業、食物與環境議題的新聞網站，聘請專職記者進行專題報導，或由「公民寫手」撰寫農業相關文章，並且進行農產品開發，建立小農平台，作為維持網站經營的資金來源。

上述的媒體關注勞工、環境、農業，以及各式各樣的社會運動與弱勢議題，也較具組織性，大多為水平運作方式，重視內部決策的民主性，相較於主流媒體，這些組織中的新聞工作者獨立性較強，較不受到組織的約束，記者有較大的發揮空間，並多以網路原生，以文字書寫，大量的圖片或深入的分析為媒體特色。

《蘋果日報》也在二〇一四年一月十五日宣布和「上下游」、「新頭殼」、「苦勞網」、「泛科學」、「公民行動影音紀錄資料庫」五家媒體合作，由《蘋果日報》提供即時新聞版面給這五家媒體發稿，不干預其內容，除了協助獨立媒體露出，也藉此填補網路即時新聞的龐大稿量需求，而這也是台灣的另類媒體首次「登陸」主流媒體。

三、「鄉民」的正義：公民記者

公民記者並不是以新聞工作為「職業」，他們大多有正式的工作或退休人士，在工作之餘進行報導。內容多為社區及在地的公共議題，不但觸角伸入台灣的每寸土地，也讓在地方議題成為全國注目的焦點。

公民記者大多聚集於公共電視Peopo公民新聞平台，但社區大學，以及諸多非營利組織也推動公民記者培力課程或組織化。

二〇一三年十二月一日由優質新聞發展協會籌畫的「We公民新聞網」開播，透過非營利模式，讓分散於網路四處的公民新聞內容有新的露出平台與管道，主要的新聞來源包括符合創用C.C.授權的公民新聞影音作品、特約公民記者供稿，以及各大專院校傳播科系合作製播新聞。We公民新聞網不但在網路播出，也同時在華視新聞頻道及MOD的新聞專區播出，是台灣第一個進入主流商業電視的公民新聞網站。不過，一年後，We公民新聞網因經費因素暫停營運。

隔年，優質新聞發展協會為因應二〇一六年台灣總統及立委選舉，推出為期百日的公民新聞創新計畫——「2016大選公民新聞網」，立即吸引上百名公民記者登錄，並有九所大學師生加入報導行列。主辦單位強調，公民不應只是選舉的投票機器，可以透過選舉新聞的產製及公共議題的討論，成為真正的國家主人。此外，前新頭殼總編輯莊豐嘉也展開「返鄉當特派」計畫，從各地招募公民記者並提升其專業能力，並計畫讓有意組成公民平台，串連形成強大公民新聞網絡。

不過，「公民新聞」的概念卻逐漸被濫用，政黨及商業媒體開始徵集或培養「公民記者」，在報導中置入自己的商業產品，或推廣政治理念，這種作法不但濫用、誤用了公民記者的概念，更在利用讀者對新聞、對公民報導的信任來販賣商品，滿足政府／政黨及廠商的利益。

除了傳統的「公民記者」，另一種更具機動性、即時性的「網路直播客」，也在這幾年穿梭在各個社會運動場合。

包括「公民攝影守護台灣民主陣線」、「公民實況轉播組」在內的「網路直播客」的成員幾乎均為志願者，他們平常有自己的工作，但社會事件發生時，便會透過網路彼此連繫，進行分工，各自補位。例如，太陽花運動期間，立法院、行政院及周邊街道，就有十多個直播點。中國國台辦主任張志軍來台時，抗議如影隨形，遍及全台，直播客便在事前規劃分工，張志軍行程移動時，他們也會連繫補位。「網路直播客」也會改良直播工具，使其更為簡便，香港「雨傘革命」時，台灣的直播客也曾跨海提供技術支援。

四、獨立媒體人

獨立記者和公民記者不同的是，他們是以新聞報導為本業，不屬於任何媒體機構的自主記者，有些是從主流媒體悻然離開，有些則是在大學畢業後就投入獨立記者工作。出身大眾媒體的獨立記者能夠延用過去的人脈、知名、權威，持續經營，建立獨特性；未進大眾媒體的獨立記者一切從零開始，需要投入更多時間、更大努力來發展個人品牌（陳順孝，2014）。他們隻身工作、獨立作業，大多用自己的積蓄進行報導，不過，這幾年獨立記者也和獨立媒體合作，或者把他們報導的新聞販售給主流媒體。

獨立記者在大眾媒體外部實踐專業，但與堅持獨立精神的大眾媒體及其記者密切合作。獨立記者供稿給這些大眾媒體，或與這些媒體合製新聞，或藉由這些媒體的通路傳送新聞給大眾，獨立記者賺得稿費和能見度。

雖然台灣的另類／獨立媒體看似多元發展，但財務仍是另類媒體最大的問題，也是另類媒體難以維持的原因。另類媒體並不是為存在而存在，更重要的是不斷反思其存在的目的，雖然，獲利或利潤極大化並不是另類媒體的存在目的或成功標準，但如何活下去，進而發揮更大的影響力，卻是另類媒體必要思考的問題。

台灣的另類媒體或獨立媒體工作者大致透過下列五種方式維持經營：

一是「母體支持」。過去的《立報》、《破報》、《四方報》大部分的資金由世新大學提供維持營運。但這種以「母體」作為主要資金來源的作法，會讓旗下媒體的存活與否決定在「母體」的手中，有時反而處於一種高度不確定的狀況，一但「母體」不願支持，媒體便難以維繫，《立報》與《破報》的後來發展便是最好的例證。

其次為「販售新聞」，部分的獨立媒體工作者除了自主報導，也會與主流媒體簽訂合約，以個案或專題方式提供新聞，是典型的freelancer。此外，收入還包括出書版稅、政府補助或委辦、公益組織贊助、學術機構支持、公眾捐助、演講等，幾乎每位獨立記者都是「組合式工作者」，組合多項工作、多項財源來實踐專業、維持生活，但每人組合的財源也有所不同（陳順孝，2014）。

「申請補助」是另一種作法，這些另類媒體會向大型NGO或政府申請經費，雖然可以有較充裕的資金，但其獨立性容易引發質疑，甚至造成這些媒體必須為資金來源「打工」或協助置入訊息的情況；第四是以「社會企業」的方式經營，透過販售其他商品所得支持獨立媒體的運作，例如，上下游新聞市集便是透過市集平台販售農產品，支持新聞部門運作，但此種作法則可能會造成「新聞」與「商品」在定位及利益上的衝突。

最後則是「公眾集資」，透過公眾集資平台或直接捐款，向社會大眾募款，這是最穩定，並且分散的資金來源，較能維持營運的獨立性，不易受到外力的影響。

另類媒體的運作未必只會透過單一財源，有些則會採取多種財源模式，以擴大來源及維持穩定。相對於過去，台灣的另類媒體的財源更為多樣且穩定，但主要依賴公眾捐款及帳務公開透明的媒體仍為少數。公眾捐款是「另類媒體」期待與理想的營運模式，來自公眾的捐款雖然辛苦，卻更有機會獨立自主。換句話說，另類媒體的獨立與公共性須透過群眾認同、涓滴集資才能真正達成。

另類媒體漸受社會肯定

台灣另類媒體的發展歷經「黨外雜誌」、「另類錄影帶」、「地下電台」、「異議性報刊」、「網路媒體」，隨著不同的歷史階段、政經環境、科技特性，發展出不同的營運模式與組織性格。這幾年台灣主流媒體的日漸敗壞，也創造出另類媒體的生存條件，不但發展日趨成熟，成為越來越多讀者主要的資訊管道，甚至越來越多的年輕人會以進入另類／獨立媒體工作，作為實踐媒體理想的目標。獨立媒體經營雖然辛苦，加上現階段工作者的收入未必能立即滿足或長久穩定，但是部分獨媒的薪資並不亞於主流媒體，工作者的自我實現，更是超越許多主流媒體。

另類媒體本身不但逐漸成為正式的組織，在台灣也有多位獨立媒體工作者、主流媒體記者及學者組成「獨立媒體工作者協會」，希望培育獨立媒體人才、維護獨立媒體工作者權益，開闢更多獨立媒體的管道，促進民主發展。

傳統上，所謂的「另類媒體」大多被認為扮演著非專業、非正式的角色，然而，這幾年的發展，卻不斷打破既有框架，不但越來越多的正式組織，專業表現超過主流媒體。

連續五屆卓越新聞獎的「社會公器獎」都是由另類媒體獲得，包括經營超過三十年的社區報——《山城週刊》，以及《環境資訊電子報》、苦勞網、《四方報》、Peopo等，而這個獎項至今從來沒有一家主流媒體得過。

評審給獎的理由之一是這些另類／獨立／公民媒體「填補了主流媒體在商業利益導向下日益忽視公共議題的新聞缺口」，不過，近幾年的發展，早已不侷限在「補充」性的角色，相反的，越來越多的獨立媒體在敗壞的媒體環境中成長，不但捲動了公民力量，在媒體本有的監督政府及多元發聲的義務上，日形重要。

不只獲得主流新聞獎項的肯定，社會大眾也透過捐款的方式支持這些媒體。苦勞網、公民行動影音紀錄資料庫、焦點事件等媒體的主要收入是透過大眾捐款，公眾募資平台也是另一個另類媒體的資金來源。

例如，二〇一四年成立的「SOS新聞募資平台」，是由讀者直接資助記者來進行報導寫作的募資網站，最經典的例子是由多位獨立記者成立的《眉角》雜誌在一個月內募資到五百萬台幣。而優質新聞發展協會於二〇一一年創設「weReport調查報導公眾委製平台」，是台灣第一個非營利調查（深度）報導媒合與產製平台。截至二〇一五年十月，共累計有六十一項提案。累計捐款一千一百一十三人次，捐給提案的總金額（包含平台基金捐助）逾兩百五十五萬元，若加上平台建置捐款尚餘資金，所獲總捐款逾三百萬元。

另類媒體與社會運動的「兄弟情誼」

雖然，這幾年台灣的另類媒體看似蓬勃且穩定的發展，但仍有其困境及極需反思之處。

例如，另類媒體的「行動者」與「媒體」雙重身分的糾葛。

另類媒體又稱為「行動者媒體」，源生於政治與社會運動，並且開宗名義表明有自己的立場，支持社會變革的一方，同時也鼓吹讀者參與行動，也因此，另類媒體的「行動者」與「報導者」的雙重身分，經常受到較多的關切與討論。

這樣的「雙重身分」，也讓另類媒體在採訪時遇到不少阻礙，不僅公務機關阻止進入，警察也在抗議現場限制採訪。苦勞網的記者過去在採訪現場經常被認為是與社運團體「同夥」的「假記者」，警察逮捕示威者時，有時也會連苦勞網的記者一併抓走。

不只在國內採訪會受限制，二〇〇八年「公民行動影音紀錄資料庫」記者前往日本採訪反G8行動前，警察還曾登門拜訪公庫記者。這些障礙其實是各國另類媒體大多會有的境遇，不過，因著直接的抗議或經驗的累積一一克服。

即使如此，台灣官方對於是否開另類／獨立／媒體進入採訪，仍然莫衷一是，甚至出現無故逮捕記者的情形。

二〇〇六年，NCC發出第一張公民記者採訪證，讓獨立記者擁有採訪資格。「太陽花運動」後，政府似乎驚訝地發現網路媒體的重要性與影響力，二〇一四年五月，國發會主動邀約十六家新媒體進行「國發會online第一發」溝通會，接受網路媒體採訪。其中也包括公民行動影音紀錄資料庫及苦勞網等媒體，而這也是政府首次與另類媒體的正式遭遇。

二〇一四年九月十八日，行政院新聞傳播室更主動邀請公民行動影音紀錄資料庫等媒體參與每周四的院會記者會，這應該是台灣政府第一次正式大開大門，邀請另類／獨立媒體入室採訪。也許有人認為這是台灣另類／獨立／公民體自此往前邁出大步，但這本是政府本來就該做的工作，也是民主社會的必要條件。

先不論行政院是真心邀請，或者只是另類的公關手段，行政院的作法無疑是讓採訪自由及政府資訊公開往前跨出一步，而這也是繼二〇一一年大法官「第689號釋憲」承認公民記者採訪權後，另一個台灣新聞自由重要指標。

然而，相較於行政院的開放，立法院的作法不但保守，並且退步。

太陽花運動結束後，立法院院長核定修正《立法院採訪證發放要點》，載明了申請立法院採訪證的辦法及資格，但其中第四條有關採訪證核發對象卻僅限於「完成公司（商業）登記有案」的機構。環境資訊電子報、公民行動影音紀錄資料庫及苦勞網雖然是依法設立的法人團體，經營具非營利性質的「獨立媒體」，但卻因為不是商業公司，便被拒於大門之外。

更諷刺的是，同年十月十五日，在公庫擔任六年記者的楊鶰如，採訪台北市政府內湖區通檢會議，由於抗爭者將「滅火器」噴灑委員，干擾議事，楊鶰如卻無端被警方當嫌疑人「逮捕」。在現場或警局，楊多次表示自己記者身分，但警方不予理會，也不沒有做任何筆錄，無故被強制留置信義分局三小時。

看似進步的政府卻隨時濫用行政權力，表面上大開大門歡迎採訪，但卻任意以「自由心證」限制採訪自由。台灣警察隨意拘留記者，濫用公共權力，更是對新聞自由的迫害。

這幾年台灣對於記者採訪的限制越來越嚴苛。以往在社會運動場合，受阻擋的大多數是另類媒體或公民記者，不過，二〇一三年，士林王家及華光社區拆遷時，警方也開始限制主流媒體的採訪範圍，甚至驅離在現場拍攝的攝影記者。二〇一四年三月二十三日，警方驅離占領行政院群眾前，第一批被趕走是在院內採訪的記者；四月反核占領忠孝西路，也將記者架離。而二〇一五年，四名記者採訪中學生衝進教育部新聞時，也被警方強行逮捕，警方在爭議事件上限制記者採訪的次數越來越多，強度也越來越強。

會有上述的情況，一方面是因為另類媒體相對於主流媒體更為基進地站在權力機制的對立面，另方面，有可能是因為在警方眼裡，社運媒體和另類媒體關係密切，因而特別受到關注。

而現實上，社運媒體和另類媒體關係的確相當「密切」。

這幾年，台灣的社運團體經常採取突襲式的「占領」行動，不論是大家相對熟悉的太陽花運動占領立法院、「反課綱行動」占領教育部部長辦公室；或者，台灣農村陣線發起的「八一八拆政府」占領內政部的廣場、苑裡反風車民眾占領經濟部、國道收費員占高速公路，以及文資團體衝進「南港瓶蓋工廠」工地阻止施工，這些突然其來的「占領」行動都讓警方及官署措手不及。

這類的行動越來越多，越來越頻繁，但由於是「祕密」的「突襲」行動，訊息傳遞時只能選擇信任的內部網絡，以免遭到警方監控，或走漏消息。行動雖是「祕密」，抗爭者終究希望能有媒體效益，一方面希望透過此種「激進」的作法引發衝突，吸引社會目光，進而促成公共討論，達到所欲之目的，另方面，也擔心即使「占領」，卻可能會因為參與者太少，而立即遭到驅離，因此希望透過管道召喚更多聲援者。

於是，可信任的另類／獨立媒體，就成了他們經常「合作」的對象。

這樣的「合作」是有效的，行動者不但能成功的「祕密」占領，同時也能「公開」地引發關切，並招喚出更多聲援的力量。對另類／獨立媒體來說，不但能夠得到「獨家」新聞，同時還能有機會協力公共議題或弱勢聲音的擴散，並且對抗不義的國家機器及資本霸權。

當然，這也逐漸形成了社運團體與另類／獨立媒體之間特殊的「親密關係」。新聞社會學者Gans就曾用「舞會中的男女」形容記者和消息來源的關係，他說，兩者之間總是存在相互吸引、相互利用的曖昧關係。雖然這樣的文字是在描述主流媒體和傳統消息來源的關聯，但形容部分社運團體和另類／獨立媒體之間的關係，恐怕也是相當合適。

但如果另類／獨立媒體是獨立的，具有主體性，該如何面對這樣的關係？該如何面在彼此「需要」上的相互依賴？或者如何在報導時能夠釐清日漸綿密且深厚的「兄弟情誼」？

這樣的「情誼」有時也會展現在報導者就是行動者的雙重身分，在香港就有「媒體人」利用這樣的雙重身分，在社運現場不斷的轉換，有時是以「行動者」動員群眾，有時則以「報導者」的身分規避警方的驅離。此外，由於另類媒體工作者與行動者的關係密切，有些社運經驗也較行動者豐富，因而在抗爭現場，偶而也會不經意地提醒行動者要如何面對媒體，當然，這樣的情況，在主流媒體的身上也會發生。

「另類媒體」有時被認為是「行動者媒體」，因為他立場鮮明，不僅站在主流價值與政體的對立面，讓弱勢發聲，也鼓動閱聽眾採取實際行動，參與社會變革。另類媒體會自詡或被認為是社會運動的媒體，也因為這樣，另類媒體也經常會與社會運動者有著良好的情誼，甚至容易被認為是「同路人」。

然而，「另類媒體」是「社會運動」的媒體，但並不該是社會運動「者」的媒體，其存在的目的是為了要推動社會變革，而非成就社會運動者，也不該是社會運動者的附傭。也因此，站在主流政體對立面的同時，「另類媒體」也需要回過頭來監督社會運動（者），並且保持一定的距離，這一方面是要確保報導時最低限度必要的客觀與冷靜，同時也是保有「媒體」該有的主體性，並得到社會長久的支持與信任。

作者簡介

管中祥

台灣中正大學傳播系副教授、「台灣公民行動紀錄協會」理事長。關心媒體與人權議題，並參與或發起多項社會運動，目前為台灣高等教育產業工會副理事。曾入圍兩屆「卓越新聞獎」廣播新聞節目主持人獎，二〇〇八年獲頒「中華傳播學會」優秀論文。

參考文獻

洪貞玲，2015，〈化憤怒為希望：反服貿運動中新媒體實踐及意義〉，《我是公民也是媒體：太陽花與新媒體實踐》，台北：台大新聞研究所。

陳平軒，2011，〈從網路到街頭 反國光石化的動員經驗、成效與反省〉，《台灣社會研究》。85：437-450。

陳順孝，2014，〈記者獨立之路：臺灣獨立記者的維生策略與互助機制〉，《傳播研究與實踐》4（2）：25-54。

管中祥，2013，〈支持獨立媒體，改變社會的開始〉。

管中祥，2009，〈光影游擊最前線：台灣另類媒體2007-2008〉，《新聞學研究》

99：201-220。
管中祥，2014，《支持獨立媒體，改變社會的開始》。
管中祥、張時健，2005，〈新自由主義下的台灣媒體改革運動〉，《台灣史料研究》24：196-236。

中國

步步失守，艱難探索

方可成

二〇一五年五月，從柏林傳來消息：新聞聚合類網站「奇聞錄」（http://qiwen.lu）獲得德國之聲國際新媒體大賽（The BOBs，原名博客大賽）的最佳中文新媒體獎（原名最佳中文博客獎）。

這個消息讓奇聞錄的創始人感覺五味雜陳——兩年前，他們才剛剛獲得二〇一三年大賽的最佳中文博客獎。他們沒想到自己仍然具有被提名和獲獎的資格。雖然獲獎是件高興事，但他們也非常清楚：在短短兩年間重複獲獎，固然是對奇聞錄價值的肯定，但它更指向一個令人痛心的事實：中文獨立媒體圈逐漸凋零、「後繼無人」。

翻閱二〇一一至二〇一五年間德國之聲國際新媒體／博客大賽的獲獎和提名情況（表一），可以看到：和奇聞錄重複獲獎一樣，包括編程隨想、中國數字時代、月光博客、變態辣椒、李承鵬在內的許多中文獨立媒體都被多次提名，榜單上有許

表一：德國之聲國際新媒體／博客大賽2011-2015年中文新媒體獲獎和提名情況

	2011	2012	2013	2014	2015
最佳中文新媒體／博客獲獎者	譯者	iGFW	奇聞錄	艾曉明工作室	奇聞錄
最佳中文新媒體／博客提名	冉雲飛 阮一峰 楊恒均 宋石男 高明電台 黃章晉 Solidot 月光博客 白板報 圖黨	李承鵬 方可成 阮一峰 煎蛋 蟹衣場 月光博客 Solidot 冉雲飛 韓寒 馮正虎	老虎廟 汪丁丁 變態辣椒 中國數字時代 月光博客 張千帆 張發財 楊支柱 編程隨想	作業本 共識網 網易真話頻道 作家崔成浩	編程隨想 穹頂之下 中國數字時代 變態辣椒
其他獎項中的中文獲獎者		看不見的西藏（記者無疆界獎-公眾獎） 哐哐哐（最佳視頻頻道-評委獎）	李承鵬（跨語種最佳博客） 自由微博（最佳技術革新獎-評委獎）	新公民運動（最佳社會運動獎-公眾獎） 王左中右的字新聞（最佳原創獎-評委獎）	

多老面孔，令人眼前一亮的新角逐者越來越少。

奇聞錄的定位，是在蒐羅互聯網上與中國話題相關的各種奇聞、奇景或段子。用德國之聲新媒體大賽評委、學者胡泳的話說：「奇聞錄用一種有趣、幽默的方式，對信息進行梳理和呈現，讓讀者可以從中瞭解當代中國的種種荒誕性，如同卡夫卡筆下噩夢般的經歷和人物。」其實，奇聞錄自身遭遇的被防火牆封鎖，面臨的發展難題，乃至兩次獲獎這件事，都折射出近年來大陸獨立媒體的種種艱難和當代中國的種種荒誕。

近五年來，特別是習近平接班後的三年來，中國獨立媒體的生存空間日漸逼仄。可謂步步失守——說「失守」，是因為獨立媒體被封鎖、被打壓之後留下的空間，並未成為空白領域，而是迅速被「國家隊」占領。這種「國進民退」的趨勢，是大陸輿論空間中的新現象，也是近幾年最重要的現象。

此外，在近幾年社交媒體愈發占據網絡中心位置的大背景下，中國獨立媒體與新浪微博、騰訊微信等社交媒體平台商業力量的糾纏，也是總結中國獨立媒體發展時不可遺漏的一大主題。一方面，這些平台為不少獨立媒體提供了便捷、高效地到達大量受眾的工具，幫助了內容傳播；另一方面，這些平台以商業利益至上，與北京政府之間保持密切關係，這令真正具備批判性，或試圖介入社會運動的獨立媒體，都很難在這些平台生存。從一定意義上說，這些社交媒體平台也加劇了大陸獨立媒體步步失守的局面。

「我所有的朋友都死了。」

「從今往後，再也沒有參差計畫。」二〇一四年七月十四日，由一群外國語大學的學生創辦並運營，以跨語言的全球視角持續關注邊緣議題的獨立媒體「參差計劃」從中文互聯網上徹底消失了。那時，距離這家獨立媒體的三歲生日還差二十天。

參差計畫的創始人康夏寫了一篇「訃告」，標題是「我所有的朋友都死了」。他說，先是參差計畫的微博被封殺，微信公眾號被封殺，豆瓣被封殺，「就連僅供內部交流的十幾個QQ群也一併消失了」。然後，參差計畫的域名（www.icenci.com）被防火牆封鎖，他的私人微博被封殺，發過的兩千多條微博都消失了；與此同時，微博上在名字之後標註後綴「參差計畫」的志願者們，微博名都統統變成了一串無序數字。接下來，參差計畫的APP、參差計畫在百度上的搜索結果，康夏曾經就參差計畫接受過的每一次媒體採訪，都在牆內的世界裡乾淨地消失，「就好像是從來沒有存在過」。

康夏描繪的，只是參差計畫在中文互聯網上的各種「戶口」被徹底除名的景象，但這個來自於《冰與火之歌》的哏，正好生動描繪了近五年來中國獨立媒體的整體困境：那些曾經令人眼前一亮的獨立媒體，幾乎絕大多數都一個接一個地在張牙舞爪的權力面前倒下。

其實，參差計畫的內容算不上敏感或激進。它有部分內容涉及時政，但其創始人和營運團隊都並非「政治青年」，而更多是一群「文藝青年」。因此，參差計畫實際上有很多軟性、文藝的內容，並未觸線，它的「被死去」令很多人覺得意外。

在中國的密室政治中，也許只有決策者才知道封殺參差計畫的真實原因。根據一些觀察人士的推測，參差計畫犯的「忌」，並非在內容，而是在於它建起了一支涵蓋全中國主要外語院校、多達幾百人的志願者隊伍。這種「大串連」的景象及其帶來集體行動的可能性，可能是參差計畫招致殺身之禍的主要原因。

而更多的獨立媒體，是死於內容的「敏感」。被防火牆「認證」之後，這些媒體的流量銳減——雖然市面上有大量翻牆工具可資利用，但大部分普通網民並不願意花費精力和資源去學習如何翻牆，何況牆內有大量內容和服務可供使用。流量銳減使得這些獨立媒體獲取廣告收入變得非常困難，也是對運營團隊積極性的巨大打擊。

在獲得二〇一五年中文新媒體獎，接受德國之聲採訪時，奇聞錄的創始人說，他們的困難來自於多個方面：「網站在中國大陸被全面封鎖；除了微薄的Google廣告收入和少量的網友捐助之外，沒有任何的資金來源；沒有全時間的編輯，所有的內容更新、網站維護都是依靠創辦人利用業餘時間完成；由於不設審查，內容較『敏感』，也會有人身安全方面的顧慮。」——這幾點，很好地總結了中國獨立媒體面臨的普遍困難，也是導致它們逐漸凋零的主要「死因」。

「在中國大陸被全面封鎖和人身安全方面的壓力，曾經讓許多優秀的中文獨立媒體最後都銷聲匿跡，例如『愛棗報』、『自由新聞』、『譯者』等等。」奇聞錄的創始人說。

他列舉的這幾家，都是過去幾年中大陸獨立媒體的最優秀代表，它們的死也最令人惋惜。愛棗報在經歷了三次被牆之後，死於二〇一一年三月。自由新聞的twitter雖然仍在更新，但其網站已於二〇一三年關閉。譯者則是在二〇一二年末陷入停滯狀態，據香港端傳媒的一篇文章透露，二〇一二年十月，一直保持低調的譯者負責人小米身分暴露，受到官方威脅，被迫終止了項目。

近五年死去的大陸優質獨立媒體至少還包括：二〇一一年七月被封殺的「讀品」，二〇一三年初關閉的「新聞理想檔案館」，二〇一三年夏天結束生命的「牛博國際」。二〇一四年三月，由知名傳媒人閭丘露薇創辦、曾經人氣很高的博客網站「一五一十部落」同樣在官方的高壓之下選擇了關張。

二〇一五年，在香港註冊、但重點關注大陸議題的非營利組織Co-China及其出品的《Co-China週刊》（原名《一五一十週刊》）也與讀者說了再見，給獨立媒體死亡名單上又新增了一筆。導致其關閉的最主要原因，和其他幾家獨立媒體非常類似：在政治高壓之下，其發聲渠道（網站和微博、微信帳號）被不斷剝奪，讀者不斷流失，這對這個依靠志願者運營的團隊來說是三番五次的沉重打擊。

如果我們將社交媒體上的意見領袖也視為獨立媒體的話，那麼更廣為人知的大陸獨立媒體死亡事件是一大批「大V」的消失。二〇一三年夏天，在一輪以「整治網絡謠言」為旗號的運動中，微博紅人薛蠻子、知名投資人王功權等「大V」身陷囹圄，李開復、潘石屹等人也被談話，在微博上的發言內容和風格大變，不再重點關注時政熱點，很少發表批評和問責政府的內容。以此為轉折點，曾被期望「圍觀改變中國」的微博上輿論發生巨變，獨立性、批判性的聲音越來越小。

國家隊來了，獨立媒體閃開

政權依靠防火牆等網絡技術和線下的人身威脅，將異議話語封殺或邊緣化，只是獨立媒體生存困境的一面。另一面是：獨立媒體的生存空間，不斷被擁有雄厚資源和政策優勢的「國家隊」擠占。

在中國從上至下的體制中，中央政府的意志通過一些重要的領導人講話、政策文件、領導小組意見等方式傳達至基層。

開啟新變化的一次講話發生在二〇一三年八月十九日。習近平在全國宣傳思想工作會議上發表講話，稱宣傳思想部門必須守土有責。他首次公開談及「媒體融合」：「根據形勢發展需要，我看要把網上輿論工作作為宣傳思想工作的重中之重來抓。宣傳思想工作是做人的工作的，人在哪兒重點就應該在哪兒。我國網民有近六億人，手機網民有四億六千多萬人，其中微博用戶達到三億多人。很多人，特別是年輕人基本不看主流媒體，大部分信息都從網上獲取。必須正視這個事實，加大力量投入，盡快掌握這個輿論戰場上的主動權，不能被邊緣化了。」

他還強調，「要適應社會信息化持續推進的新情況，加快傳統媒體和新興媒體融合發展，充分運用新技術新應用創新媒體傳播方式，占領信息傳播制高點。」

半年之後，二〇一四年二月二十七日，習近平主持召開中央網絡安全和信息化領導小組第一次會議——這個小組是他上任後為加強個人集權而成立的一系列領導小組之一，成為實質上關於互聯網的最高決策機構。他在會上說：「做好網上輿論工作是一項長期任務，要創新改進網上宣傳，運用網絡傳播規律，弘揚主旋律，激發正能量，大力培育和踐行社會主義核心價值觀，把握好網上輿論引導的時、度、效，使網絡空間清朗起來。」

同年八月十八日，習近平又在主持召開另一個領導小組——中央全面深化改革領導小組第四次會議時，明確提出了「傳統媒體和新興媒體融合發展」的問題，稱要「著力打造一批形態多樣、手段先進、具有競爭力的新型主流媒體，建成幾家擁有強大實力和傳播力、公信力、影響力的新型媒體集團，形成立體多樣、融合發展的現代傳播體系」。

也正因為這一系列的會議講話和政策意見，在官方宣傳中，二〇一四年被稱為「媒體融合元年」。而這裡的媒體融合，絕不是強調獨立媒體，而是黨報黨刊等傳統媒體在新媒體平台上占領輿論陣地。或者，用中共的話語來說，是「打通兩個輿論場」：一個是黨報黨刊的主流媒體輿論場，另一個則是依託於互聯網的民間輿論場——這也是大陸獨立媒體生存和發揮影響的輿論場。而「打通」的意義，也就是要讓黨媒的影響力滲透到民間輿論場，發揮引導作用。

在一系列指導理念和講話精神的促進下，國家隊確實在很大程度上成功打入了民間輿論場，奪走了獨立媒體的大片生存空間。如今在微博和微信上，影響力最大（以粉絲數、閱讀數、轉發數、點讚數等數據客觀綜合衡量）的媒體類帳號，不是《南方週末》、《新京報》等市場化媒體，更不是獨立媒體，而是《人民日報》、央視新聞等黨媒。他們依靠大量的人力資源投入和政策優勢，依靠對網民口味和心態的研究把握，成功取代了薛蠻子、李開復等上一代帶有獨立媒體人色彩的「大V」，成為新一批「主流大V」。

此外，這些黨媒還開設有一些定位更為細分的「二級帳號」，其中最有名的是《人民日報》海外版開設的「學習小組」和「俠客島」兩個微信公號。前者專注領導人消息，後者則用輕鬆易懂的語言解讀時政新聞。這兩個公號合計擁有超過一百萬粉絲，在時政類獨立媒體被一個個封殺的情況下，成功占領這一領域。其發布的內容雖然在形式上非常生動活潑，但其精神內核和底色依然是宣傳「正能量」、國家主義、民族主義、愛黨愛國的意識形態。

奇聞錄的創始人對於這種轉變深有感觸。如今，專注於聚合「奇聞」的奇聞錄發布的新聞數量比兩年前大大減少了。但他說，這並不是因為中國變得越來越

「正常」，反倒是由於對媒體的管控更加嚴苛所致。「由於我們是一個新聞聚合類站點，並不自採新聞，所以我們的『奇聞』也全部來自於其他權威媒體的報導，而其中絕大部分都是來自國內媒體。在二〇一三年八一九講話之後，我們留意到國內的媒體環境正在發生非常大的變化。一方面，出現了一批以『澎湃新聞』為代表的『新型黨媒』，與傳統黨媒相比，這些媒體更『接地氣』、更懂得怎樣『小罵大幫忙』；另一方面，對於媒體的管控程度實際上比以往更加嚴苛，例如『網易』在新媒體嘗試方面做得非常不錯的『真話』欄目就被勒令下線。」

此外，一批打著「獨立媒體」旗號、被稱為「自乾五」（自帶乾糧的五毛黨）媒體也愈來愈成為不可忽視的參與者。他們自稱不從國家領取任何報酬，但「義務」為黨國意識形態鼓呼。最典型的例子包括「觀察者網」、「人大重陽金融研究院」等機構，以及周小平、花千芳、點子正等個人。在批判性、異議性獨立媒體步步失守的情況下，這些「自乾五」獨立媒體也逐步占領著越來越大的空間。

政策法規不僅大力支持著國家隊的入場，也繼續擠壓著獨立媒體的生存空間。二〇一五年六月，第十二屆全國人大常委會第十五次會議初次審議了《中華人民共和國網絡安全法（草案）》，其目的是「保障網絡安全、維護網絡空間主權與國家安全」。草案中關於「實名制」和「遇緊急情況可限制網絡通訊」等條目，引發了對進一步加強言論管制的擔憂。對於獨立媒體人而言，這一法律也可能會成為又一把「達摩克利斯之劍」。

社交媒體平台的功與過

其實，「獨立媒體」這一短語在中國從未真正流行起來，人們更常使用的相近說法是「自媒體」，而這一稱呼的普及與背後商業利益的推動分不開關係。「自媒體」這一說法來自美國（英文「we media」），但在美國本土其實並不流行。二〇〇二年，這一概念由矽谷專欄作家丹·吉摩爾（Dan Gillmor）提出。但是，美國人並沒有大範圍使用它，而是繼續談論「草根新聞」（grassroots journalism）、「公民新聞」（citizen journalism）等概念。這些概念的意義多有重合，其核心都指向一個方向：由普通人、非專業人士生產內容，而不是讓內容生產被利益集團影響下的媒體機構壟斷。這也是我們在此談論「獨立媒體」的主要意義所在。

在美國，這些概念的提出背後有著強烈的現實意義驅動。簡單來說，「自媒體」、「草根新聞」、「公民新聞」都是作為對資本控制下的新聞業的一種反動出現的，生來就具有「讓我們的輿論世界更加民主」的意義。吉摩爾在提出「自媒體」概念時就曾說：「自媒體是大眾化、民主化的媒體。在自媒體的語境下，我們所有人都擁有低門檻、高質量地創設傳播工具的手段。我們在做一些前所未有的嘗試，而這些曾經是『他們』的專屬領地，『他們』的『後宮』。『他媒體（They, the Media），現在成了自媒體（We, The Media）。」

很明顯，自媒體生來就是衝著「他媒體」，也就是大公司控制的主流媒體去的。反觀中國大陸，自媒體誕生於一種截然不同的媒介環境中，走的是一條與美國迥異的發展路徑。儘管也有很多人看重自媒體的民主意義（諸如「關注就是力量，圍觀改變中國」之類的說法），但這個概念之所以流行，完全是依靠背後平台與商業的力量助推的。

十年前，最早的「自媒體」，或者「獨立媒體——博客」在中國的流行，是因為新浪、搜狐等門戶網站大力推出的博客頻道，是因為博客中國等服務商的推動。韓寒、李承鵬、冉雲飛等曾入選德國之聲博客大賽的博客之所以在中國火熱，也與新浪等媒體平台的推薦息息相關。在很短暫的一段時間裡，新浪博客成為不少批判性、異議性獨立媒體的聚集地。一方面，這些獨立媒體獲得了平台；另一方面，他們也給新浪博客平台帶來了流量和商業利益。然而，隨著輿論空間的壓縮，這種良性互動關係逐漸絕跡。

而自二〇一一年開始的新一輪自媒體熱潮，則更是拜平台所賜。微博和微信公眾平台都是背後的重要推動力。如果不是幾家互聯網公司為了打造自身的平台而激烈競爭，「自媒體」這個概念的普及不會這樣迅速，大陸也不會如雨後春筍般生長出許多獨立媒體和獨立媒體人，不會讓一些人生發出「微博改變中國」的烏托邦幻想。「作業本」等微博帳號也入選了德國之聲新媒體大賽的獲獎提名。但是再一次，隨著對「公知」（對公共知識分子的帶有蔑視性的簡稱）、「大V」等獨立媒體人主力的打壓和對「國家隊」的扶持，這些以商業利益為重的平台對政權意志非常配合，通過不斷的刪除消息、封殺帳號等方式趕走了一大批獨立媒體人。

這些社交媒體平台雖然完全沒有做到Google式的「不作惡」原則，但它們基於商業理性做出的選擇也非常容易理解。近幾年來，新浪、騰訊、網易、百度等主要平台的負責人陸續多次被國家網絡管理部門「約談」。在這種極具中國特色的管理方式中，這些社交媒體平台都受到了巨大的威脅。此外，新成立的國家網信辦還密集發布了所謂「微信十條」、「帳號十條」、「約談十條」等，以成文規章的方式勒住商業網站的命脈。

客觀來看，過去五年中，這些商業社交媒體平台對於中國獨立媒體的發展功過參半。在初期，它們曾經為獨立媒體的大規模建立和迅速推廣提供了便利的平台——當然，這並非是出於它們的慈善心，而是因為這些獨立媒體也給博客、微博、微信等平台帶來了商業利益。但後來，為了繼續在中國生存和賺錢，這些社交媒體平台在政權意志面前選擇了無條件的服從，甚至一些時候是變本加厲的執行。他們急劇壓縮了獨立媒體的生存空間。

在擠走了批判性、異議性的獨立媒體後，出於商業利益等方面的考量，這些社交媒體平台在推薦「國家隊」帳號外，也成為主推娛樂明星、段子手、雞湯文、養生文的聚集平台。這些內容吸引了國人的注意力後，客觀上也抑制了用戶對獨立媒體內容的需求。

妥協與探索

二〇一四年，「新公民運動」（http://www.xgmyd.com）以六千餘票的高票數獲得德國之聲新媒體大賽的最佳社會運動（公眾獎）。這是由著名人權活動家許志永及其發起的民間機構「公盟」創立的獨立媒體，始於二〇一五年五月，依託互聯網，尤其是社交媒體，聯絡全國各地維權人士。新公民運動的確可以算是中國大陸媒體介入社會運動的典範，但其被封鎖、包括創始人許志永在內的上百位維權人士被捕的事實，也證明著大陸獨立媒體幾乎不可能真正引領和介入社會運動。

的確，近五年來，儘管有不少獨立媒體在社會運動中有所參與——例如在反對PX化工項目的鄰避運動中，部分博客、微博帳號發布著重要信息；例如反腐運動中一些重要的獨立媒體人（如「落魄書生周筱贇」、「花總丟了金箍棒」）揭露和識別出官員腐敗的蛛絲馬跡；例如二〇一三年初以呼籲言論自由、反對輿論管制為主題的《南方週末》新年獻詞事件中，大量微博帳號成為傳播信息的重要節點——但總體而言，真正具備重要意義的是社交媒體平台本身，而非平台上的具體媒體帳號。大陸獨立媒體在社會運動中的意義不應被高估。

曾經的大陸獨立媒體圈中重要人物，有不少都選擇了投身商業，專心掙錢，不再談論國事。既然公共領域內的發聲被限制，他們便被擠壓到私領域內。在愛棗報關閉後，其發起人彭毅選擇創業，做了「最好用的免費家校溝通軟件—貝聊」，憑借「教育O2O」的概念獲得了數百萬美元的A輪融資。而發起著名網絡論壇1984BBS的「張書記」也輾轉多項生意之中，不再活躍於公眾輿論之中。

還有一些人選擇了離開故土。受到官方巨大壓力的譯者創始人小米移民加拿大，消失於江湖中。另一名曾經非常著名的獨立媒體人——網名「佐拉」的周曙光，在與台灣妻子結婚後，便選擇定居在台灣，雖然依舊關注大陸，觀察記錄台灣的獨立媒體與社會運動，但已基本消失在中國的輿論世界裡。

目前，在中國享有一定影響力的獨立媒體，都是在選擇了妥協，不採取異議性、對抗性姿態的前提之下，盡力生產一些能夠產生積極社會意義的內容產品。

例如二〇一三年底成立的「大象公會」，以寫作富含信息量、又能調動讀者興趣的深度長文見長。雖然時而涉及時政、歷史類話題，如「『主席頭』的起源、發展與定型」、「書記、主席、總理、總裁和元首——黨魁稱呼的講究」、「集會遊行的人數統計學」等，這些文章也時常會被「和諧」，但它們的定位僅僅是提供「最好的飯局談資」，而非直接表達批判和異議。大象公會的創始人黃章晉說：「讀者對大象公會最大的評價是『漲姿勢』（『漲知識』諧音）。這正是我們想要的。我在遊說同志們入伙時，最喜歡用的一個比方是，我們是拿著今天的地圖穿越到過去的哥倫布，我們的未來有著無限多光明的可能，只要能活下來。」

要活下來，一方面要面對商業壓力，一方面也要走好政治議題的鋼絲，在提供「飯局談資」的時候不觸紅線。

另一個以「我為人民漲姿勢」為主要目標的獨立媒體是成立於二〇一一年年底的「政見CNPolitics」團隊。和以公司身分註冊的大象公會不同，政見是一個純粹的志願者團隊，其成員大半是在世界各地名校就讀社會科學相關專業的碩士、博士生。政見的基本定位是做社會科學的科普，也即，將學術界關於中國的研究成果，以通俗易懂的方式介紹給普通大眾。這種定位是獨特的，它有效利用了一種不平衡的局面——一方面，大眾媒體上的時評、觀點性內容質量不高；另一方面，學術界有很多高質量的研究發現，但學界以外的人很難發現和閱讀。因此，政見做的事情就是將學術界的精華觀點介紹給普通大眾。

政見強調，自己的定位是介紹學術界的研究成果，做一個挖掘工和搬運工，而非發表自己的意見。學界成果，往往自然就是更加理性、客觀的，很少有非常激烈的表達。因此政見所呈現的形象也是理性和專業性的，其口號是「靠譜地討論中國」。

這些知識型、普及型的內容，自然有其重要意義——畢竟，媒體的重要作用就是提供優質內容，促進信息的流通。不過，也有一些態度更為激進的人批評這些獨立媒體過於溫和、妥協，以至於喪失了獨立媒體的精神內核。

在日漸逼迫的生存空間面前，也有一些人在嘗試更加戲謔的表達。最典型的便是在微博、微信等平台已經被刪除帳號的「江選研討會」。它通過對前任領導人江澤民各種軼事的細緻考究和挖掘，掀起了一股「膜蛤」（膜拜蛤蟆，江因為戴著巨大的黑框眼鏡，外形酷似蛤蟆，因而擁有了這一稱呼）熱潮。通過書寫江澤民掌握多少門外語、會多少種樂器、如何與外國記者談笑風生、如何有國際視野，「江選研討會」一方面成功調侃了政治，拉近了年輕人與政治的距離，讓政治在大陸不再是一副板著面孔的模樣，另一方面也隱晦表達了對當今領導人的臧否。

另一位在微信公眾平台活躍的獨立媒體人「王五四」，將對時事熱點問題的批評反思進行的戲謔表達，運用到了極致。他的帳號雖然被屢次刪號，但他反覆利用重新註冊的方式回到公眾輿論當中。由於他的logo和文字風格都高度風格化，極盡戲謔之能事，因此他的每次復出總能迅速傳開，成為微信朋友圈中的熱點。

無論是訴諸知識性、專業性，還是走戲謔、調侃的道路，這都是中國的獨立媒體在牆內發展出的生存策略。回首中國獨立媒體在過去五年內步步失守的辛酸歷程，可以清楚地看到：被邊緣化、被封殺是大量獨立媒體的最終命運，而這也往往意味著這些媒體壽命的盡頭；另一邊，國家政權正迅速習得社交媒體時代的生存策略，占領原本屬於獨立媒體的輿論空間。在這樣的背景下，獨立媒體如何在牆內生存，又在妥協的狀態下盡可能不違初心，合理利用商業公司提供的社交媒體平台又不被其排斥，如何真正介入社會運動，產生社會影響，是擺在中國獨立媒體人面前的艱難課題。

作者簡介

方可成

賓夕法尼亞大學Annenberg傳播學院博士生，研究方向為威權國家的政治傳播。從北京大學獲得學士、碩士學位。2010-2013年在《南方週末》報社擔任記者，出版有《中國人民的老朋友》一書。「政見CNPolitics」團隊發起人。個人博客（http://www.fangkc.cn）曾獲德國之聲博客大賽最佳中文博客提名。

香港

政治高壓，百變叢生

梁家權

序言

在二〇〇九年的六四晚會前，一名市民趁無綫電視進行新聞直播報導時，在記者身後舉起「無綫新聞，事事旦旦」的標語，嘲諷其新聞處理馬虎並且不公。雖則此乃一男子的個人抗議行為，卻引起不少網民共鳴，成為網絡熱話。

二〇一〇年初反高鐵運動，有不少論者和社運人士抨擊大部分主流傳媒附和政府論調，硬銷高鐵的經濟效益，但對該工程的社會成本、「一地兩檢」問題及其成本效益的質疑則鮮有觸及（多年後高鐵的建造成本的確不斷漲高）。在被主流傳媒定性為妨礙香港經濟發展的「搞事者」的情況下，運動依靠網絡作宣傳和動員。

二〇一二年九月反國民教育運動，亞洲電視時事評論節目「ATV焦點」大肆批評學民思潮為泛民的選舉棋子，並把後者形容為「誓要不惜一切手段『玩殘香港』」的「破壞派」。節目被批評偏離持平原則，接獲逾四萬宗市民投訴。

二〇一三年三月，香港爆發罕有大規模工潮。一班葵涌貨櫃碼頭工人不滿碼頭公司的加薪措施，發動罷工。他們的苦況引起不少港人共鳴，支援物質蜂擁而至。但很多主流傳媒的新聞處理立場明顯偏向資方，惹人質疑是否怕得罪大財團而自我審查。其中，無綫電視節目「東張西望」接獲過千宗投訴。

二〇一三年十月，香港政府否決「香港電視網絡」的免費電視牌照申請，激起民憤。該台員工在政府總部外發起長達一星期的集會，多萬名市民參與聲援，重挫政府威信。在十一月，網民更呼籲杯葛無綫電視，不滿他長年壟斷香港電視市場。

二〇一四年初，香港傳媒界發生異動：商業電台政論節目主持李慧玲被炒、報章《蘋果日報》和AM730被抽廣告、《明報》總編輯劉進圖突然被撤職。這一連串事件除了少數媒體（主要是《蘋果日報》和《明報》）有重點報導和評論外，其他傳媒只輕描淡寫帶過事件。不過，卻有數千名傳媒工作者和市民參與「反滅聲遊行」，表達對言論自由的憂慮。

以上的事件説明了什麼？悲觀的看，這些事件再次印證了不少論者對香港主流傳媒的批評：傳媒面對日趨凶猛的政治和經濟壓力，不斷自我閹割，尤其在處理政治衝突新聞時，顯得畏首畏尾，免得得罪權貴。更可悲的是，當自己行業遭受打壓，亦要噤若寒蟬，甚至反要幫助施壓者説項。不過，如果樂觀一點，我們卻也看到不少傳媒工作者和民眾，身處劣境卻不甘逆來順受，而會嘗試不同途徑，如透過嘲諷、網絡惡搞創作、投訴和遊行示威聲討主流傳媒。既然不願坐以待斃，他們也積極找尋新出路。

在過去十多年，隨著香港主流傳媒失守，不少另類網絡媒體（往下簡稱「網媒」，這包括文章網站、網絡電台、影像平台）就乘勢而起、乘虛而入，擠進不少港人的日常新聞菜單（學術界對「另類媒體」[alternative media] 這概念有許多爭論。嚴格的定義，是要求「另類媒體」無論其成立目的、內容、營運模式，以致內部組織架構，都要遵循和體現民主精神，和主流商營媒體和公共媒體截然不同。但較寬鬆的定義，則主要聚焦內容上和主流媒體的差異。本文討論的香港「另類網媒」，是指那些在近年大部分主流傳媒日趨保守的情況下湧現的時政網媒。之間的關係錯綜複雜，但相通的是它們對政商建制都抱有強烈批判，也和社會運動有密切關係。）。對許多轉投網絡世界的傳媒工作者和有識之人而言，這更自由的空間能讓他們繼續暢所欲言，甚至開拓更廣的天地，而受眾也寄望網媒的出現，能夠幫助他們撥開迷霧，認清事情真象。在過去三數年，香港主流傳媒加速陷落、政治生態日趨激烈、民心思變，加上科技的進步，均為網媒提供發展的土壤，許多網媒在這期間冒起（表一）。究竟這些新興網媒有何特質？他們和早期的網媒有什麼異同？他們如何利用新科技殺出血路？而他們又為香港政治帶來怎樣的影響呢？

本文嘗試回答這些問題。文章會分為幾部分：第一部分先簡述香港網媒的最近發展，分析其發展形態和如何介入政治活動。雖然近年網媒發展蓬勃，但並非一帆風順，文章會伸深入探討他們的發展隱憂。最後，本文嘗試反思過去十年香港另類媒體的發展，並展望其將來。

網媒發展百花齊放

香港另類網媒已有逾十年的歷史，正邁向一個新階段。談及其早年發展，可以用「寡頭化」去形容。香港獨立媒體（二〇〇四年成立）長年是一技獨秀的文章網站；網絡電台方面，由資深傳媒人蕭若元和立法會議員、前電台名嘴黃毓民領軍的香港人網（二〇〇五年）和My Radio（二〇〇七年）則獨占鰲頭；及後在二〇一〇年成立的社會記錄頻道則補足了影像內容。這情況與近年網媒界百花齊放的局面截

表一：香港另類網媒發展大事紀，2011-2015

日期	關鍵事件
2011年5至6月	選舉管理委員會提出修訂電子媒體選舉指引，冀將指引伸延至互聯網。該建議惹起網絡電台和電視台強烈反對，方案最後被撤回。
2012年2月	輔仁媒體成立。
2012年3月	梁振英勝出行政長官選舉，其強硬政治作風令不少人憂慮香港的新聞和言論自由。在這社會情勢下，不少人寄望網媒能茁壯發展。
2012年8月	一群專業人士和文化人成立網媒主場新聞，開宗明義倣效美國《赫芬頓郵報》的營運模式。｜香港獨立媒體的辦公室被數名身分不明凶徒闖入破壞。
2012年9月	政治組織熱血公民成立集平面和網絡媒體一身的熱血時報，以推行「本土主義」運動作旗幟。｜由年輕人主導的反國教運動，善用網絡進行宣傳和動員。
2012年10月	數碼電台DBC因股東衝突迫令停播，創辦人鄭經翰指事件背後牽涉政治打壓。最後，創辦人鄭經翰離開DBC，成立網台D100。
2013年3月	成立逾八年的網絡電台香港人網結束運作，後在同年6月改建為謎米香港。｜去年領導反國民教育運動的「學民思潮」成立網媒破折號。｜葵青貨櫃碼頭發生工潮，一些年輕社運人士協助罷工碼頭工人建立網上平台，將罷工信息不斷發放予公眾。
2013年10月	積極申請免費電視牌照多年的香港電視網絡被政府否決，引發大型抗爭。
2014年2至3月	時為香港新聞界的艱苦時刻，先有報章如《AM730》和《蘋果日報》疑因政治原因被抽廣告、商台時政節目名嘴李慧玲遭辭退，後有《明報》總編輯劉進圖被調職。被調職不久後，劉更遭受襲擊。
2014年7月	營運近兩年的主場新聞突然宣布結束，創辦人蔡東豪表示對香港當下的政治形勢感恐懼。
2014年9至12月	爭取普選的「占領中環」運動（或稱「雨傘運動」）發生，網媒、網上討論區和社交網體成各政治勢力的兵家必爭之地。運動亦催生了一些新網媒。
2014年12月	「雨傘運動」過後，原主場新聞骨幹人物再創立立場新聞。
2015年10月	以非法廣播挑戰電訊條例的民間電台成立十周年。

然不同（表二）。

這些新興網媒組成背景各異，其關注點和和運作模式也不盡相同。組成背景方面，他們有的隸屬於政治組織（如熱血時報和破折號），有的由資深傳媒人和知名文化人成立（如主場新聞、立場新聞、《852郵報》、本土新聞、謎米香港和D100），也有市民自發創立的（如社會聯合媒體、惟工新聞、學舌鳥和Ragazine）。現時香港最受歡迎的網媒都主打時政議題，這當然跟近年本地政治紛爭加劇有關。不過，當中也有例外，譬如惟工新聞就專門關注勞工議題。

運作模式方面，近年新興的網媒都採取所謂「新聞策展」（news curation）的新聞處理模式。在二〇一二年成立的主場新聞率先提出這概念，認為在現今資訊爆炸時代，受眾渴求「breaking views」（即時觀點）多於「breaking news」（即時新聞）。主場新聞設立自己的編採團隊，而「新聞策展」的做法就是從主流傳媒選取有價值的資訊，重新整理和闡述，並加上自家分析點評。這做法有別於香港獨立媒體倡導的「開放平台」模式，讓公眾能投（稿）其所好。

上述提到正經嚴肅的時政網媒，但不可忽略一些以政治戲謔（political satire／parody）為主調的網媒新力軍，學舌鳥和墳場新聞是箇中表表者。其中，前者翻拍一些經典流行金曲和電影，在當中加入政治元素，兩者成功結合令年輕網民產生共

表二：近年成立而較著名和獨特的網媒，2011-2015

	成立年分	背景簡述
主場新聞	2012	由一群文化人包括梁文道、蔡東豪和劉細良等創立，內容涵蓋時政資訊外，也關注文藝和體育議題。
輔仁媒體	2012	類近香港獨立媒體的「開放平台」文章網站。
Ragazine	2012	由幾名具網台參與經驗的網民自立門戶成立的網台，定位是製作多元化節目的雜誌式網台。
熱血時報	2012	政治團體熱血公民成立的網媒，集新聞、評論和網台於一身。
D100	2012	由資深傳媒人鄭經翰創立，招攬不少資深主流傳媒人為管理人員和節目主持。
破折號	2013	由學民思潮成立的網站，提供時政分析文章和製作網台節目。
香港花生	2013	由幾位社民連現任和前成員創立的網台。
852郵報	2013	由資深傳媒人、前《信報》編輯游清源創立，主打時政分析和評論。
謎米香港	2013	由資深傳媒人蕭若元創立，屬香港規模最大和最受歡迎的網媒之一。
社會聯合媒體	2013	由一群攝影師成立，以照片記錄社會。
本土新聞	2014	由資深傳媒人、網台創辦人梁錦祥成立。
聚言時報	2014	由高登討論區網民創立。
仙人掌	2014	由民主黨資深成員李永達創立，但運作不足一年後，在2015年中結束。
惟工新聞	2014	由數名關注勞工議題人士成立的勞工議題網站。
立場新聞	2014	由原主場新聞主要骨幹成立，定位為非牟利媒體（non-profit media），延續主場風格。
墳場新聞	2014	由一位匿名中學教師創立的Facebook專頁，以借古諷今的手法月旦當下時政。
學舌鳥	2014	由數名演藝學院畢業生組成的演藝團隊，專門拍攝惡搞時政短片。
Hong Kong Free Press	2015	唯一的英文另類網媒，以眾籌（crowd-funding）方式起家。

鳴，遂能異軍突起。政治戲謔當然不是始於網媒。香港電台節目「頭條新聞」、商業電台的「在晴朗的一天出發」，以至黃子華的「棟篤笑」（類似台譯單人脫口秀）表演都可歸為同一類型。但在網絡時代，政治戲謔文字、圖片和短片創作因得益於社交媒體的like和share功能，能在短時期內變得「瘋傳」（viral）。由於社交媒體本身是一個人際聯繫平台，網民碰到有趣的內容會十分願意與「朋友」分享，故政治戲謔創作容易得到迴響。這些戲謔內容不只是娛樂大眾，也能刺激政治討論和集體創作。觀乎網民的留言和再創作，偶或會比原作內容更啜核和具啟發性。

全方位發展

一直以來，香港網媒大致分為文章網站和網台兩大類，近年一些新興網媒都致力打破局限，作全方位發展。以謎米香港為例，由於創辦人蕭若元本身是商人，財力雄厚，願意投放資源將該台發展成一個綜合網絡平台。為擴大受眾群，除了固有的網台節目，近期開發了「謎米新聞」。此外，該台參照了流行全球的Ted Talk，定期舉辦專題講座；另外也仿效外國網上學院Kahn Academy，創立名為「謎米知識寶庫」的專頁，製作文史哲和科普節目。熱血時報亦是這方面的佼佼者。除了製作網上新聞、評論文章、網台節目外，它也有一系列的線下搞作，如出版實體報紙《熱血時報》和漫畫《熱血少年》，亦會舉辦舞台劇熱血劇場和政治棟篤笑表演。可以說，謎米和熱時是一個以網絡作基礎平台的一個多媒體企劃，務求達到文字、聲音、圖片和影像的匯流，以及線上和線下的結合。在競爭愈趨激烈的情況下，可期望香港網媒會更精益求精。

傳送渠道

科技發展除了影響內容製作，也改變了接收模式。早期香港網媒只能依賴網站上載資訊，現在他們已廣泛使用社交媒體和智能手機程式。網台方面，除了在自家網站播放節目外，也會在YouTube上載全集節目或部分精華片段。換言之，現今受眾不需再直接瀏覽網媒的網站，只要透過在社交平台訂閱他們的帳戶，資訊便會自動源源不斷推送到個人專頁，大大減低了搜集資訊的時間成本。同時，因為社交媒體是一個「朋友」互相交換資訊的平台，一些平常不主動接觸網媒的網民也可能因「朋友」的轉發，而接觸相關資訊，令網媒不局限於熱衷時政的小圈子群體，增強了他們的影響力（Leung & Lee, 2014）。既然社交媒體是重要的傳送渠道，如何才能提高資訊的「傳遞性」（spreadability）對網媒是一大考驗。單是豐富的資訊內容已不足夠滿足受眾，怎麼有技巧地包裝資訊（譬如從新聞或評論文章抽取精警語句，用做製作精美的圖片和infographics）至為關鍵。簡言之，社交網絡和智能手機的普及對網媒來說，既是發展契機也是挑戰。

政治影響

上述提到，香港網媒之崛起是源於主流新聞傳媒的陷落，尤其他們對政治新聞的處理最惹公眾關注和抨擊。誠然，環顧世界各地，主流傳媒的政治立場取態大都傾向保守的，原因不外乎是政治經濟壓力所致。在這方面，香港的情況並無二致。如果要說香港的特殊之處，或許就在於近年社會轉趨激進，部分民眾抗衡和追求改變建制現狀之心相當熾熱，抗爭運動變得頻繁，使香港成為了一個「社運社會」（李立峯、陳韜文，2013）。在熱衷政治的市民眼中，主流傳媒一貫宣稱政治中立、四平八穩、「各打五十大板」的新聞處理，變成了政治維穩手段。正如文章開首列舉的例子所反映，近年連串的社會運動的確揭露了主流傳媒原本保守的一面，將他們的弱點和局限完全呈現在公眾眼前。加上自回歸後，主流傳媒企業陸續被政治勢力所收編，自我審查日益嚴重，都損害了他們的公信力。結果是主流傳媒和部分民眾的鴻溝被越拉越闊，到達不能癒合的境地，網媒的出現某程度上填補了這空隙。

那麼網媒有什麼特別之處？近年，一些本地學者開始就網媒進行研究，界定他們為所謂的「另類媒體」。顧名思議，作為「另類媒體」的網媒是有別於主流傳媒的：前者相對小本經營，後者是大型資本企業；前者不少只但求收支平衡，後者以謀利做大前提；前者的經營者是因理念凝聚的社會有識之士、社會團體或只是平民，後者是資本家。是故網媒較願意觸碰敏感或主流社會忽略的話題。他在政治取態上較為進取，甚至摒棄「政治中立」的枷鎖，更會積極介入政治活動，從而推波助瀾（Lee, 2015; Leung & Lee, 2014; Yung & Leung, 2014）。香港網媒的政治介入可見諸在過去多場大型社會運動，如反高鐵運動、反國民教育運動，等等。當然，雨傘運動更將網媒的政治能量表露無遺。在運動期間，各大網媒使出混身解數，無數的占領現場更新資訊、占領者心聲、評論文章、圖片紀錄、視像片段、藝術創作，以至政治流言蜚語均在網上廣泛流傳，掀動不少港人的思緒。

不過，像雨傘運動這類的大型社會運動是極之罕見的，可以說是一個歷史的「例外狀態」（state of exception），可一不可在。其實，在一般政治常態下，網媒的最大功能不必是直接政治動員，而是恆常供應另類資訊。這不只是將重要但少人關注的資訊告知公眾這麼簡單，他也起到「傳媒監察」（media monitoring）之效，因為受眾可以從網媒身上，側面看出主流傳媒的缺失或局限。上述提到，現時大部分網媒都採取「新聞策展」的手法，受眾閱讀這類資訊後，再比對原有的主流傳媒資訊，從中便領略到同一事件，原來可以用不同角度詮釋，這長遠有助提升公眾的「媒介素養」（media literacy）。

此外，網媒另一個重要影響是他能提供一個穩定平台予不同社群建構自己的「論述群體」（discursive community）（李立峯，2015）。過去數年，香港泛起「本土主義」思潮。凡涉及中港關係的議題，如雙非兒童學位、孕婦產子床位、跨境水貨客、自由行、樓價上升、香港人身分問題、政改爭論，都成為政治紛爭源頭。本土思潮的湧現改變了香港的政治生態，催生了一些新興的本土組織（如「香港本土力量」、「本土民主前線」、「香港人優先」、「香港自治運動」）和本土派網媒（包括熱血時報、本土新聞和聚言時報）。另外，這股思想也為政客所吸納。譬如，以往愛講中國歷史的立法會議員、前電台名嘴黃毓民近年也打出「本土、民主、反共」的政治旗幟，其經營多年的網台My Radio就改以本土理念做宣傳號召（其口號是「愛香港・愛本土・Like MyRadio」）。該台一個重頭節目名為「本土論壇」，主持人便是一書激起千重浪的《香港城邦論》作者陳雲。在雨傘運動後，該台新增了一個名叫「雨傘九十後」的節目，由抱本土思想的青年人主持，以本土角度剖析時政。

誠然，觀乎一些本土派領軍的抗爭活動（如反水貨客「光復行動」、尖沙咀廣東道「驅蝗行動」、「本土六四晚會」），迄今為止參與者不多，可見本土派在現實政治中仍處於邊緣。不過，他們的思想能在網絡上鬧得沸沸揚揚，都是得益於本土派網媒的崛起。他們的出現，為相關思想和組織在民意戰中搶占一個席位，培育了一批新晉本土派作家和網台主持一躍成為網絡輿論領袖，並將一些主流傳媒礙於政治正確不能宣之於口的論述發揚光大。例如，將回歸定性為「中共殖民」，直斥香港政府為「港共政權」。相關論述的對立面也包括傳統的民主派和社運人士。本土派認為香港已臨危急存亡之秋，故不屑於主流泛民政客的「和理非非」（和平、理性、非暴力、非粗口）式抗爭，而「勇武抗爭」和「以武制暴」才是出路。一成不變的抗爭變相是協助中共維穩，故「泛民主派」實為「殖民主派」。而且，他們當中不少對中國抱有家國情懷，是為「大中華膠」（膠，原為網路用語，指思想僵化）；每年堅持舉行六四悼念晚會，則是中了「六四情花毒」。此外，本土派對高舉「普世價值」的社運人士恨之入骨，認為他們提倡的「大愛」、「包容」等「左膠」思想是包庇大陸人欺壓本地人。最後，他們也鞭撻支持上述泛民政客和社運人士或是對政治冷感的港人，諷刺他們為「離地中產黃絲」或「港豬」。有關論述多不勝數，不勝枚舉。對支持相關思想的受眾而言，他們能在這論述群體裡找到認同感，時機一到，更會將思想付諸政治行動。

總的來說，網媒因政治而生，也因政治而變。當香港社會在政治立場上變得壁壘分明，網媒也愈趨分眾，成為了不同力量的政治攻堅前沿地。

另類網媒的發展隱憂

香港網媒在過去幾年急速發展，但風光背後，卻存在不少挑戰。以下章節將會從傳媒專業、制度、法律和政治層面分析網媒需要克服的困難。

網媒妾身未明

網媒首要面對的問題是至今仍未被政府和新聞專業團體認可。前者的後果是被拒採訪政府活動，後者則欠缺了業界組織支援。譬如，記協在二〇一一年的《言論自由年報》肯定了網媒能「為弱勢發聲」，但就質疑他們的行事作風：「擺在香港新媒體面前的，並非一片坦途。不少民間記者報導社會運動時，同時亦是社運參與者，這可能削弱報導的客觀和中立性……」（頁19）。可見，不少網媒在主流記者眼中是未符專業水準的。另外，記協雖然表明網媒記者能申請記者證，但就規定申請人須證明收入過半是基於新聞工作，變相排拒了業餘的公民記者。

面對上述問題，一眾網媒曾就採訪權利事宜和政府交涉，結果不了了之。為支持網媒，立法會議員范國威和毛孟靜就成立了「香港本土新聞關注組」，倡導網媒作為社會的「第五權」，理應享有傳統媒體的權利。隨著網媒數目日增，各界應盡快全面商討網媒的的身分和權責問題，因這壓根兒關乎到公眾的知情權。誠然，網媒經常為人詬病缺乏原創報導，這或多或少跟他們未有正當名分有關。若問題不能解決，網媒實難以成為新聞「正餐」，充其量只能繼續擔當「補充劑」的角色。

線上和線下的打擊

法例規管是對網媒另一個挑戰。自由自在的網絡空間是網媒的生存要素，任何有關網絡的政策實施，都有可能影響網媒生死。現時，香港並沒有特定法例針對網媒，有的只是所有人都需遵守的《誹謗條例》和《淫褻及不雅物品管制條例》而已。是故一直以來，網媒大致都能暢所欲言。直到二〇一一年中，選舉管理委員會突然提出修訂《電子媒體選舉指引》，才觸發網媒憂慮前景。該方案提出要將規管電子傳媒的法規伸延至互聯網，即是選舉期間，網絡電台和電視台要和傳統媒體一樣遵守「平等時間」原則，故被質疑是打壓言論自由和泛民選情。在眾網媒群起反對下，再加上技術上真的難以區分什麼才是網絡電台和電視台，方案最後被撤回。一波未平，一波又起，政府近年提出修訂俗稱「網絡廿三條」的《版權條例》，也被質疑是政治打壓，首當其衝的是網絡二次創作。

還有，由於近年多場激烈的抗爭活動都由網絡動員，使有政治實力的網媒成了當權者的「眼中釘」。在二〇一四年中，曾高調支持占中的主場新聞創辦人蔡東豪宣稱因政治壓力，突然關閉該網。事件對不少人來說是一個當頭棒喝，「沒有人是孤島」，當政治打壓來時，網媒不一定能獨善其身。在雨傘運動進行期間，打擊就更明顯。不少網媒的網站持續被黑客大規模攻擊，可幸的是他們仍能依賴社交媒體平台保持運作。除了網媒受壓，不少支持占領的網民也因在討論區留言，被控告「有犯罪或不誠實意圖取用電腦罪」，在網絡上制造了寒蟬效應。這類控罪長遠會否波及網媒，需要重視。

回想當年「零三七一」（七一遊行十周年）之後，當權者劍指傳媒，歸咎於「一報一刊兩支咪」（咪，麥克風）為社會動盪的罪魁禍首。在雨傘運動之後，網媒或有步當年主流傳媒後塵之危。雖然如此，香港只要有朝一日仍然是國際金融中心，政府若要大規模規管網絡，必會遇到阻力。但不同個別法例條文的步步進迫，就必須警惕。

親建制網媒大張旗鼓

在香港，「網媒」一直在是指那些非向權貴靠攏的民間另類媒體，故他們的政治立場都是親民主派陣營。有見及此，近年建制力量都開始建立自家網媒以一爭長短，這包括巴士的報、港人講地、時聞香港、HKG報和橙新聞，等等。在二〇一三年成立的巴士的報隸屬於親建制報章《星島日報》旗下，被視為衝著當時風頭一時無兩的主場新聞而來。同年成立的港人講地則是由行政長官梁振英的政治親信管理的，可視為半官方網媒。時聞香港（二〇一四年）和HKG報（二〇一五年）則由親建制人士創立，後者的主事人是反占中運動旗手兼資深傳媒人周融。至於橙新聞（二〇一四年成立）就更「根正苗紅」，是由中聯辦旗下的公司持有。有別於一眾親民主派的網媒，這些親建制網媒多宣傳官方的資訊和觀點，並打擊政府政敵。至今親建制網媒還不足與另類網媒分庭抗禮，但他們的出現已打破了後者主導網絡空間的局面。

有話語權就有政治能量，媒體從來都是政治較勁的場所。事實上，多年前開始，一些網上討論區和新聞綜合版頁充斥著大量辱罵民主派政治人物和社運人士的留言，都予人質疑這是親建制陣營部署的「網絡打手」。由此觀之，網媒只是這場網絡輿論戰的延伸而已。

財政問題

網媒除了要應付外來挑戰，也要面對自身困難，當中以資金問題最為嚴峻。當網媒運作愈趨專業化，營運成本隨之增加：場地租金、設施、員工薪金、稿費、網台主持人車馬費等等，對小本經營的另類媒體來說都是沉重負擔。一直以來，香港的另類媒體資金來源有三：一是靠個別「金主」獨力支撐，但主場新聞的事件暴露了此模式是何其脆弱；二是靠民間捐助，例如香港獨立媒體和民間電台就主要依賴市民捐款運作至今。他們的共通點是都抱有強烈的政治理念，前者由左翼人士組成，高度介入社運，後者以身試法藉非法廣播挑戰廣播政策，故兩者不乏一些熱衷政治和社會運動的市民支持。除了接受定期捐款，歷年的七一遊行都見到獨媒和民台的身影，他們跟政黨和民間團體一樣設置街站，宣傳之餘亦收籌款之效。近年一些新興網媒都仿效這種做法。廣告是網媒第三個收入來源。但環顧各大網媒，他們的廣告量都不多。原因可能是廣告商對新媒體（無論是主流傳媒或另類網媒）還未有信心，也可能是這些網媒強烈的政治取態，令廣告商卻步。

為擴大收入基礎，一些網媒（如Ragazine，D100和My Radio等網台）推出收費計畫。可是，現今資訊爆炸，大眾已視接受免費資訊為理所當然，若干網媒也許能動員忠實讀者和聽迷支持，但普遍能否藉此賺錢則是存疑。其實，商業化對網媒發展是一個兩難。從財政和營運角度看，這保障網媒穩定營運，長遠有助提升質素。但從理念上看，商業化的危機或會驅使網媒服膺於市場力量，其獨立性和批判性將受損。不過，香港網媒商業化之舉還在起步階段，究竟這會如何影響其組織運作和內容生產仍尚待觀察。

傳媒道德和公信力

因大部分網媒不以傳統新聞專業自居，其操守一直受人質疑。上述提到，網媒記者混淆記者和示威者身分是為其一。此外，現在不少網媒採取的「新聞策展」手法被批評是「抄襲新聞」，侵害主流媒體的版權，並奪取了作家的勞動成果。

針對網媒操守問題，網台節目粗口橫飛的情況也長期為人詬病。網絡言論尺度大於主流傳媒不足為奇，但須正視的是，若果網媒中人本身是政界或社運人士，他們在網媒上的言行或會招致反彈。譬如，人民力量成員陳志全在二〇一二年當選立法會議員後，就即被政敵批評其早前擔任行政總裁的香港人網的討論區充斥不良資訊，不應是從政人士所為。既然網媒追求開放自由的言論空間，相信無論是經營者、參與者以及受眾，都不希望網媒予人藉口進行監管，那麼就要靠自律和自我完善。否則，網媒公信力受損，甚至會連累所屬或所支持的政治團體和活動。

回顧和展望

香港另類網媒發展已走過第一個十年，我們除了要繼續留意新動向，也是時候做一個階段性回顧，反思過去，展望將來。

追求影響力抑或是公民參與？

今次出版的《光影游擊最前線》可稱為華人獨立媒體年鑑系列之三，對上兩冊均以「草根」為題（《草根不盡》和《草根起義》）。以香港的現況來説，這標題值得商榷。縱觀香港比較著名的另類媒體，鮮有真的由草根人士創立和主理的。現在很多網媒的核心要員就算不是腰纏萬貫，也絕不是寂寂無名之輩。他們要不是社會賢達、專業人士，就是資深傳媒人。這解析到為什麼香港的網媒辦得越來越有聲有色。

這些走「專業路線」的新興網媒跟許多早年成立的另類網媒有相當差別，後者可理解為走「公民社會參與路線」。譬如，在二〇〇四年因商業電台「名嘴封咪」事件而催生的香港人民廣播電台，挾著二〇〇三年七一遊行之餘勢，以代表著人民的聲音自居。人民台有意參照盛行世界各地的「社區電台」（community radio）模式運作，除了有一些知名人士坐陣之外，也積極邀請多個民間團體（如宗教、勞工、人權、文化、性小眾組織）製作節目，當年人民台某程度上是香港公民社會一個小縮影。此外，該台也鼓勵和願意無償支援一些不知名的網民參與製作，他們有些在人民台結束後自立門戶，繼續在網台發聲，證明了這開放參與模式達到為參與者「增權」（empowerment）的效果。同年成立的香港獨立媒體跟人民台抱持相近意念，遂一直實踐「公民記者」和「開放平台」的理念。

究竟香港的另類媒體應該走上「專業路線」，製作有水準和具影響力的內容，抑或是實驗「公民社會參與路線」，不求即時影響力，但求提供開放平台讓社會不同群體尤其是弱勢人士能夠有機會發聲，讓大眾聆聽到他們的聲音（to speak and to be heard）呢？當然，兩者各有優劣之處。但從香港現況來看，可以預見「專業路線」網媒應該會是大趨勢。畢竟要在競爭激烈的傳媒環境中站穩陣腳，是需要人力物力，非一般普羅大眾可企及的。回想起來，自二〇〇三年七一遊行後像雨後春筍般湧現的另類媒體，大都作古，就只剩下獨媒一家了。「公民社會參與路線」另類媒體也許就只是那個眾人高呼「人民力量」的時代下的產物。

網媒與激進政治的必然共生？

過去十年，香港網媒的發展和激進政治一直扣連，密不可分。香港獨立媒體是當中表表者，其不少成員都是活躍的社運人士，領導和參與了大大小小的抗爭；網台方面，My Radio和香港人網曾經和激進政團社民連有密切關係。近年成立的熱血時報和破折號分別是熱血公民和學民思潮成立的網媒。而主場新聞（以及後來的立場新聞）雖然沒有政團聯繫，但其親民主反建制的立場鮮明，故曾被《文匯報》等黨報批評為網媒界的《蘋果日報》。既然網媒不滿主流聲音過於保守，那麼他們吸納的聲音必定是比較激進的。

在這情況下，一些被視為溫和的政治聲音在網絡輿論上一直處於劣勢。在泛民陣營內，歷史最悠久的民主黨和以法律精英和大學教授為骨幹的公民黨理應最有充足資源發展新媒體，可是他們的表現卻乏善足陳。其實，兩黨也不是沒有作出嘗試。公民黨前身的「45條關注組」在二〇〇四年成立了《A45電台》（在組黨後就變成CP網絡電台）；而民主黨及其個別成員也成立過一些官方和非官方的網媒（包括飛鴿電台、青台和仙人掌），但都是曇花一現，效果不彰。這有幾個可能原因：一、這些主流政黨在主流媒體中（主要是《蘋果日報》和《明報》）仍有生存空間。其中民主黨更在地區經營多年，其區議員能作為地區樁腳和市民溝通。相比之下，一些新興政團和民間組織就必須借助網媒和社交媒體平台爭取曝光；二、溫和泛民政團和組織的核心支持者年紀較大，是非活躍的網民，對網絡資訊的渴求自然低於年輕人；三、在網絡推送和轉發的時代，最「爆」、最「花生」（熱鬧）的資訊往往最能在網絡廣泛傳閱。就網台而言，政治內幕、陰謀論以及激辯對受眾來說最為「過癮」，可是這些言行都不符溫和泛民人士的形象。上述原因解析了為何溫和泛民沒有動力和能力駕馭網媒。

可悲的是，隨著主流媒體言論空間不斷收窄，溫和聲音雖則未必完全「被消失」，但逐漸「被陰乾」的情況卻是可期的。縱然他們在網絡戰中已「輸在起跑線上」，但本著未雨綢繆、積少成多的理念，也應盡快建立自家平台，以保存言論生存空間。

網媒是捍衛言論空間的「靈丹妙藥」？

最後，需要反思的一點是，究竟網媒能為捍衛香港言論自由、促進聲音多元擔當多大角色？是否有了網媒就能天下太平？若民間力量只側重發展新媒體，是否置大眾於不顧？

在網媒盛行的今天，以非法廣播挑戰政府發牌制度的民間電台剛好靜悄悄地走過第十個年頭。民台自二〇〇五年成立後多次進行非法廣播，行動屢次遭政府破獲，主事人和節目主持與政府對簿公堂多年。雖然如此，民台的行動在主流社會泛不起一絲漣漪，至今仍只是一撮社運人士的「小圈子」活動。為什麼民間電台的公民抗命會裹足不前，當中牽涉到很多因素，篇幅有限，在此不詳述。但須指出的一點是，網媒的蓬勃發展正正可能是他的其中一個致命傷。多年來，政府、建制派政客和親建制的主流媒體都不約而同以香港擁有自由廣闊的網絡空間為由，否定開放大氣電波頻譜之必要。

誠然，現時不少網媒營運者也似乎相當滿足於現有發展。這是可以理解的，畢竟要改變傳統媒體的政經結構和政策法規是一個長期抗戰。網媒對一些在主流媒體做得意興闌珊或被掃地出門的傳媒人來說，是一個安全的「逃生門」；而對渴求發聲的社會團體和普通市民而言，則是成本低的「入場券」。那麼與其花心力向政府和媒體大老闆陳情遊說，自行建立網媒看來得簡單得多。是故一直以來，香港社會對傳媒政策的討論少之又少，若非出現港視牌照事件，市民也未必醒覺到制度之不公。

不過，傳統媒體始終仍是主流社會接受資訊的重要來源，有研究發現，全港少於一成人是有接觸和使用網媒的（Leung & Lee, 2014）。心繫香港言論自由的有識之士以至普羅大眾除了放眼於新興網媒，也需持續關注傳統媒體發展以及整體傳媒環境。就算是眼光只放在網媒身上，上述已經分析到不少針對網絡的法例正來勢洶洶。網媒不能只醉心內容生產，對此必須正視。

近年網媒界已開始形成自我生態，他們相互競爭、爭拗、參照、監督，但卻鮮有集合力量就自身利益發聲。製作內容可以各自為政，但要維護和爭取權益，業界內的溝通、協調和與公民社會相關團體（如關注網絡自由的組織）的串連、合作是必須的。

結語

香港另類網媒的發展方興未艾，本文提到的很多議題，尚待觀察和探討。但科技一日千里，時局變幻莫測，很多現象不久後或會成為明日黃花。但唯一不變的是，傳媒的高低起伏從來是時代脈搏之反映。

近年，香港社會瀰漫一股沉重的無力感。尤其在爭取民主和維護公民自由上，更是無奈。身處天朝大國腳下，夾在龐大的政經結構當中，可做的或許有限。

但欣喜的是，從另類媒體過去十年的發展身上，可以看到不少傳媒工作者對傳播真相的堅持和公民社會的生命力。縱然時不與我，亦選擇在有限的空間，尋覓出路。這不就是當下香港社會的寫照嗎？

作者簡介

梁家權

香港中文大學新聞與傳播學院博士生。研究興趣為另類媒體、媒改運動和政治傳播。

參考文獻

Lee, F.L.F.（2015）. Internet alternative media use and oppositional knowledge. International Journal of Public Opinion Research. doi:10.1093/ijpor/edu040.

Leung, D.K.K., & Lee, F.L.F.（2014）. Cultivating an online counterpublic: Examining the usage and political impact of internet alternative media. International Journal of Press/Politics, 19（3）, 340-359.

Yung, B., & Leung, L.Y.M.（2014）. Diverse roles of alternative media in Hong Kong civil society: From public discourse initiation to social activism. Journal of Asian Public Policy, 7（1）, 83-101.

李立峯（2015）。〈網絡另類媒體、政治傳播與社會動員〉。李少南編《香港傳媒新世紀》（第二版）。香港：香港中文大學出版社，頁71-96。

李立峯、陳韜文（2013）。〈初探香港「社運社會」—分析香港社會集體抗爭行動的形態和發展〉。張少強、梁啟智、陳嘉銘合編《香港。論述。傳媒》。香港：牛津大學出版社，頁243-269。

附錄：華人獨立媒體一覽表

立報 | www.lihpao.com

1988年由成舍我創辦，為世新大學下隸屬的報紙，以教育為主，原住民、環保、性別、勞工及弱勢團體議題為輔，成露茜改版宣言：「引爆多元對話 共營新新教育。」

破報（停刊）

1995年，破報由台灣立報副刊獨立出來，自許為「具有左派關懷與全球視野的文化實驗行動」，以藝術、勞工、環保、性別等社會議題的消息與評論為主，2014年3月停刊。

四方報 | 4-Way Voice 四方報：www.fb.com/4wayvoice

成露茜於2006年創立，包含越南文、泰文、印尼文、菲律賓文及柬埔寨文五種語言的報刊。作為新移民／工的發聲平台，衝撞主流媒體長期對新移民／工窺奇、刻板的報導角度。

南方電子報（停刊）

「讓商業邏輯下失去戰場的理想在網路發聲。」 1995年開始，透過中山大學發行台灣第一份電子報，1999年7月交由SEEDNet代理發行；並與「PCHome Online」合作，共同創辦《南方人文報》。

苦勞網 | www.coolloud.org.tw

由孫窮理創辦於1997年，是一個長期關注台灣社會運動相關訊息的網路媒體，定位為「運動的媒體，媒體的運動」。

環境資訊電子報 | e-info.org.tw

成立於2000年4月，以「環境專業」導向，蒐集國內外環境議題相關剪報，以及環境新聞的報導，以作為環境資訊與環境運動的溝通平台。

小地方新聞網｜農人寫作培力工作坊：dfun-empower.blogspot.tw

2004年在行政院新聞局支持下設立，記錄各地農業小故事、環境生態地方新聞，2010年停止運作。2012年以「農人寫作培力工作坊」延續。

全球之聲｜zht.globalvoices.org

緣起2005年哈佛大學國際部落客會議，由志願翻譯者組成了全球多語言翻譯計畫，著重在國際主流媒體上鮮少被聽見的聲音。2007年由錢佳緯、鄭國威翻譯創立繁體中文版。

公民行動影音紀錄資料庫｜www.civilmedia.tw

自許為台灣最冗長的另類媒體，主要以影音形式記錄台灣公民運動，成立於2007年，原為國科會數位典藏計畫，2012年轉以公眾集資、小額募款維持運作，2014年成立協會，已累積超過2.000則影音，採創用CC授權。

新聞e論壇｜newseforum.com

初始發起成員為臺大新聞研究所學生，在「反黑箱服貿運動」中駐點，以集體協力的新聞處理模式，臨時借用「台大新聞e論壇」粉絲專頁作為新聞發布平台。反黑箱服貿運動結束後，正式改名為「新聞e論壇」。

沃草｜沃草：watchout.tw｜2016立委出任務：wevote.tw｜國會無雙：musou.tw｜公民學院：blog.citizenedu.tw｜市長，給問嗎？：wethepeople.tw

2013年由柳林瑋創辦，英文「Watch out」，期許監督政府，提供公民社會的肥沃草原，致力開發提供公民參與時政的空間、工具與平台。

---

g0v｜g0v.tw

推動資訊透明化的社群，致力於開發公民參與社會的資訊平台與工具。2012 年底開始成形，成果皆以自由軟體模式釋出。

上下游 News&Market 新聞市集 | www.newsmarket.com.tw

2011年馮小非等人創辦，關注農業、食物與環境議題，聘請專職記者或公民寫手進行專題報導、農業相關文章，並進行農產品開發，建立小農平台。

焦點事件 | www.eventsinfocus.org

「因為更媒體，所以更社運」原苦勞網創辦人孫窮理於2015年成立，強調議題的深度探索與資訊圖表的呈現。

We公民新聞網 | we-media.org

優質新聞發展協會籌畫，透過非營利模式，讓公民新聞內容取得新的露出平台與管道，主要的新聞來源包括CC授權、特約公民記者，以及各大專院校傳播科系合作製播。

Peopo公民新聞平台 | www.peopo.org

成立於2007年，隸屬於公共電視底下的公民新聞平台，至今已有超過8,000名公民記者註冊使用。

公民攝影守護台灣民主陣線 | www.fb.com/ShotForDemocracy

緣起於318占領立法院直播團隊，2014年由音地大帝與g0v募集的網路直播團隊透過群眾募資發起。

香港

民間電台 | www.citizensradio.org

曾健成發起非營利運作的電台，2005年試播，同時以網上電台運作。因無法申請廣播牌照，多次被政府控告非法廣播，判處罰款及沒收通訊器材。

輔仁媒體 | www.vjmedia.com.hk

2012年成立，由各方人士、網上活躍的年輕人組成。政治立場鮮明，批判叢林資本主義和官僚資本家專政。以共享創意模式發布文章，亦不「買斷」投稿者的著作版權。

主場新聞（關站）

2012年由一群文化人包括梁文道、蔡東豪等人創立，模仿美國《赫芬頓郵報》的模式，內容涵蓋時政資訊外，也關注文藝和體育。2014年關站。

香港獨立媒體 | www.inmediahk.net

2004年由葉蔭聰、朱凱廸等人成立，以推動香港民主運動和社會運動為宗旨，為香港形塑不受政權、財團、政黨支配的公眾空間。以公民記者及參與式媒體方式運作。

熱血時報 | www.passiontimes.hk

由黃洋達、陳秀慧等人在2012年成立，集報紙、網路電台及社運組織於一身的機構。政治立場以「反共」和宣揚本土主義的方向為基調。

網台D100 | 新站：us.d100.net | 舊站：www.d100.net

2012年為原DBC數碼電台部分員工所策劃的網上電台。由鄭經翰創立，招攬不少資深主流傳媒人為管理人員和主持人。

謎米香港 | www.memehk.com

2013年由資深傳謀人蕭若元創立，主要提供網上電台節目。「謎米」（meme）意指思想的傳遞，前身為「香港人網」。

破折號 | hkdash.com

2013年由學民思潮成立的網站，自詡為年輕人的新媒體。提供時政分析文章和製作網台節目。

立場新聞 | thestandnews.com

由原主場新聞主要骨幹2014年成立，延續主場風格，並參考外國「非謀利媒體」（non-profit media）的模式。編採獨立自主，致力守護民主、人權、自由、法治與公義等香港核心價值。

Ragazine | www.ragazine.com.hk

2012年焚總與的總等人成立，將傳統廣播模式帶入網絡世界，以網台節目，結合生活品味態度之媒體，時政節目也是其主打。

香港花生 | www.hkpeanut.com

2013年成立，創辦人和主持包括多名社民連現任或前成員，如前主席陶君行。後來也網羅了一些民主黨成員加入。

852郵報 | www.post852.com

2013年由游清源暨其團隊，集體離開《信報》後，所開發的嶄新評論、博客與互動新媒體平台。

社會聯合媒體（United Social Press）| www.unitedsocialpress.com

2013年由一群自由攝影師成立，以圖片新聞記錄社會時政，同時為其他合作媒體提供即時圖文。

本土新聞| www.localpresshk.com

2014年由梁錦祥成立，以「本土新聞　香港意志」為口號，匯集專業傳媒人士、網誌版主、集結海外健筆從本土立場出發，放眼世界。

聚言時報| polymerhk.com

2014年由高登討論區網民創立，盼「聚集民意，合眾起義」前身為膠登時報，除網路媒體外，每月四日亦會發布刊物《聚言時報月刊》。

仙人掌（關站）

2014年由民主黨資深成員李永達創立，但運作不足一年後，在2015年中結束。

惟工新聞| wknews.org

2014年由數名關注勞工議題人士成立的勞工議題網站。鼓勵勞動者自己發聲，利用新媒體，將勞工議題帶入社會。

墳場新聞| cemeterynewshk.wordpress.com

原是2014年由一位匿名中學教師創立的Facebook專頁，以借古諷今的手法批評當下時政。

學舌鳥 | www.fb.com/mockingjer | YouTube頻道：mockingjer

學舌鳥象徵自由。2014年由數名演藝學院畢業生組成，專門拍攝時政奧惡搞短片。

Hong Kong Free Press | www.hongkongfp.com

2015年成立，香港唯一英文獨立網媒，以眾籌（crowd-funding）方式起家。

中國

新公民運動 | xgmyd.com

曾獲得德國之聲新媒體大賽的最佳社會運動公眾獎。由人權活動家許志永及其民間機構「公盟」創立，始於2012年5月，依託互聯網，尤其是社交媒體，聯絡全國各地維權人士。

奇聞錄 | qiwen.lu

蒐羅互聯網上與中國話題相關的各種奇聞、奇景或段子。讓讀者可以從中瞭解當代中國的種種荒誕性。曾獲 2013 年德國之聲最佳中文博客獎項和 2015 年德國之聲中文新媒體獎項。

參差計畫（關站）

2011年創辦，是中國內地首家以跨語言的全球視角持續關注邊緣議題的新媒體。2014年7月被墻，所有社交媒體帳號也全部消失。

愛棗報（關站）

2007年創始人彭毅個人執筆的非商業運作blog，其後逐漸匯集更多「草根」自發組織，每天蒐集網絡新聞，編成十條新聞呈現給讀者。經歷了三次被禁止訪問，2011年3月正式結束。

FMN自由新聞（關站）

由幾個大學生創建於2007年，蒐集網友用照片、影音記錄下的新聞事件。youtube建立了五年多有1萬6千訂閱，觀看近九百萬人次。Twitter雖然仍在更新，但其網站已於2013年關閉。

譯者 | yyyyiiii.blogspot.tw

2009年小米創立的翻譯團隊，試圖突破審查的高牆，為讀者發送來自外部的資訊，時政類文章為主；2011年獲德國之聲最佳中文新媒體，2012年末陷入停刊。

Co-China | cochina.co

始於2009年8月的非營利組織，立足香港，關注兩岸三地，尤其是大陸議題。主要活動包括線下沙龍、電子周刊和夏令營。2015年2月之後逐漸停止活動。

編程隨想 | program-think.blogspot.com

2009年成立的匿名博客，整理歸納大量的網絡政治文化及資訊技術；宗旨為：「提升思維能力，普及政治常識，各種翻牆姿勢，黨國的陰暗面，網絡安全知識，軟件開發技術。」

中國數字時代 | chinadigitaltimes.net | chinadigitaltimes.net/chinese

中英雙語的新聞網站，總編輯蕭強，2004年創辦英文版，2009年創辦中文版，由加州大學伯克利分校信息學院提供技術支持和反封鎖軟體的開發。自動採集分類、推薦以及編輯中文媒體網絡被官方審查和封鎖的熱點。

月光博客 | www.williamlong.info

專注於網路、網站架設、搜尋引擎、社會化網路、行銷、Web 2.0等原創IT科技部落格，於2005年1月正式上線。作者龍威廉，曾被新浪網評為2008年度十佳IT部落格

變態辣椒 | www.facebook.com/btlajiao | twitter.com/remonwangxt

本名王立銘是湖南時政漫畫家，以畫時事諷刺類漫畫為主，微博高達幾十萬粉絲，2014年流亡日本。

艾曉明工作室 | aixiaomingstudio.blogspot.tw

2008年艾曉民開設了第一個新浪博客，2009年被封，至今已開設第四個博客。博客保留創作有關的獨立紀錄片史料，同時也記錄和反省相關的社會事件。

煎蛋 | jandan.net

成立於2006年，定位為「有趣的小眾網站」，至今累計約500位譯者為煎蛋貢獻內容，已翻譯逾五萬篇譯文。主題是「新鮮事」，每天從Digg/Mashable/Slashdot等Blog取材翻譯。

高明電台 | radiohilight.net

高明創立，2011年曾獲德國之聲第最佳中文博客獎提名。

Solidot 奇客 | www.solidot.org

2005年原為李國偉創立，2007年成為CNET中國旗下的科技網站和奇流社群，口號是「奇客的資訊，重要的東西」主要提供開源自由軟體相關資訊。

讀品 | site.douban.com/dupin

由一群熱愛閱讀的年輕人發起的公益項目，包括書評週周刊和線下沙龍，2011年7月被封殺。

新聞理想檔案館（關站）

2010年由八〇後年輕人鬼怪式與一群留學生組織創辦，2013年初關閉。

牛博國際／牛博網（關站）

2006年由前北京新東方學校講師、「老羅語錄」主人公羅永浩於北京創建。2009年被關閉伺服器後分為，伺服器位於美國的「牛博國際」和位於中國的無政治內容的「嫣牛博」（閹），兩站已於2013年關閉。

一五一十部落（關站）

2007年由原鳳凰衛視記者閭丘露薇創辦，透過Web2.0的互動和分享，推廣公民記者的概念 。2014年在官方高壓下選擇了關站。

大象公會｜www.idaxiang.org

2013年底由資深媒體人黃章晉創建，以寫作富含信息量、又能調動讀者興趣的深度長文見長。雖然時而涉及時政，定位僅僅是提供「最好的飯局談資」，而非直接表達批判和異議。

政見 CNPolitics｜cnpolitics.org

2011年志願團隊發起成立，其成員多為世界各地名校就讀社會科學專業的碩博士生。基本定位是做社會科學的科普，編譯介紹外國的學術觀點。

自由微博｜freeweibo.com

創始人自稱「馬丁．約翰遜」，建立不受屏蔽的新浪微博搜索平台，蒐集受當局審查後被刪除的微博內容，首頁可看到即時更新的當天被遮蔽的微博內容。

馬來西亞

獨立新聞在線（停刊）

2005年創刊，一度遭遇贊助終止，員工自發性展開「自救運動」公眾募款，與當今大馬推出聯合訂閱。最終仍於2012年8月31日停擺。

當今大馬 | www.malaysiakini.com/zh

馬來西亞第一家原生新聞網站，1999年成立英文版和2005年中文版，也是新聞訪客人數最高的網站，成為馬來西亞主要的獨立新聞來源。

馬來西亞局內人 | www.themalaysianinsider.com

2008年2月創刊的免費英文新聞網站，高居新聞類網站排名第二，2014年由The Edge媒體集團併購。

The Nut Graph（停刊）

2008年由三位英文新聞工作者創立，趕上了採訪3月全國大選時機，同年8月轉型為一個深度報導政治和流行文化的新聞網站，2014年停刊。

風雲時報（停刊）

2009年4月開通的中文網絡媒體，刊載國際趣聞、ICT科技新聞及一些體壇消息等。2011年停刊。

辣醬 | www.cilisos.my

星報媒體集團前副主席李福隆於2014年創辦的英文新聞網站，宣稱要以幽默的分析筆調讓沉悶的新聞和時事變得充滿娛樂性和知識性。

每日蟻論 | www.theantdaily.com

許志國媒體集團在2013年創辦的三語新聞網站，2015年10月股權易手後，僅維持英文版，中文版及馬來文版停擺。

激流月刊 | aliran.com

馬來西亞歷史最悠久的獨立媒體，創刊於1980年，由民權運動組織「國民醒覺運動」出版。2013年12月紙本停刊，網站持續更新。

向陽花／向日葵／太陽花（停刊）

2012年12月開始，由「淨選盟媽媽」等團體以眾籌方式募集經費，出版免費派送的小開本，2013年10月以《小黃花》的刊名出刊之後，也停止印行。

街報 | streetvoicemsia.wordpress.com

2013年大選後創立月刊，八開本實驗性報紙，以文化政治出發，梳理城市、移民／工、壟斷系列、土地正義造、抗議歌曲、另類媒體、同志、性別、青年貧窮等議題。2015年紙本停刊，網站持續更新。

燧火評論 | www.pfirereview.com

2014年由「燧人氏出版社」業主王宗麟設立，集結了45位專業學者和媒體人，每天發表深度評論，顯現不同作者對各自關懷的公共事務與文化現象的觀察與反思。

達邦樹 | tapangrainforest.org

由砂拉越州民間組織「拓展他種生活學會」在2014年10月創辦，旨在向中文讀者傳達森林砍伐對社會與環境的衝擊，包括翻譯自英文媒介的報導與研究報告，並兼顧其他衝擊森林生態與當地社區的議題。

澳門

愛瞞日報 | mcnews.cc

創刊號於2005年，由澳門學社大學生發起，版面仿照《澳門日報》，以惡搞形式「諷刺時弊」為主，「出紙一大張，瞞遍全澳市民」為口號，2010年11月起獨立出刊。

論盡媒體 | aamacau.com

2012年成立，包括：即時報導、時事評論、藝文、人物專訪等，現時擁有官網、facebook專頁、youtube頻道、紙本月刊以及每周在《訊報刊登的專題五個發布平台。

三十行動聯盟 | mypaper.pchome.com.tw/mtu30action

成立於2010年，為澳門政治社團之一，以發布網絡視頻及文章為主，製作不同網路節目諷刺時事。2013年立法會選舉後淡出。

自已報 | my-own-post.com

由從事不同行業並以七、八、九〇後為主體的業餘人士組成，內容除了專題報導外，比較偏重於文藝和生活的內容

Média José 祖蘚媒體 | mediajose.tumblr.com

澳門本土新生網媒，精選、翻譯葡、英文媒體要聞，亦會自製專題報導。主要關注的是澳門本地華文媒體沒有覆蓋的新聞。

藝駿青年發展協會 | www.umacau.tv

成立於2010年、親北京「街坊」系統的澳門社區義工聯合總會之一屬會，旗下設有藝駿電台、UTV等網上媒體。

2015年12月初版　新臺幣 300 元

臺灣印製

本書獲浩然基金會補助

國家圖書館出版品預行編目（CIP）資料

光影游擊最前線：華人獨立媒體觀察／王曉晞等著.

－初版.－臺北市：紅桌文化, 2015.12

208面 ;14.8*21公分

ISBN 978-986-91148-8-2（平裝）

1.媒體 2.媒體生態 3.文集

541.8307　104026881

GUERRILLA

華人獨立媒體觀察

光影游擊最前線

作　者　王曉晞、莊迪澎、管中祥、方可成、梁家權
主　編　管中祥／公民行動影音紀錄資料庫

責任編輯　郭正偉
視覺構成　陳恩安
總編輯　劉粹倫
發行人　劉子超
出版者　紅桌文化／左守創作有限公司
10464 臺北市中山區大直街117號5樓
02-2532-4986
undertablepress@gmail.com

經銷商　高寶書版集團
11493 臺北市內湖區洲子街88號3樓
02-2799-2788
印　刷　約書亞創藝有限公司

ISBN　978-986-91148-8-2
書　號　ZE0119